Claudia Novak

DIE GEBURT DER Rampenfrau

Claudia Novak

DIE GEBURT DER Rampenfrau

Entspannt du selbst
auf allen Bühnen deines Lebens

KREMAYR & SCHERIAU

SPEAKING IS A JOURNEY.

TO YOURSELF.
TO YOUR STORY.
TO YOUR STAGE.

AUF ZUR REISE ZUR RAMPENFRAU.

„MIT DER KRAFT DER AUTHENTIZITÄT STATT DEM DRUCK DES PERFEKTIONISMUS."

Inhalt

I. FRAUEN UND BÜHNEN 11

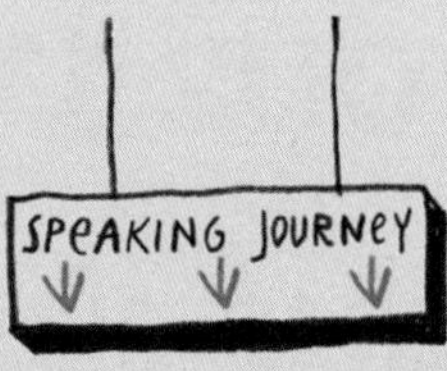

II. TO YOURSELF 38

Du bist, wer Du bist.

Für

Andrea, Sandra, Petra, Eva-Maria, Julia, Vesela, Bettina, Silvia, Maria, Evelyne, Alexandra, Katja, Gabriele, Karina, Bettina, Barbara, Anna, Alva, Charlotte, Lorena, Leni, Lilli, Sophia, Gitti, Mathilda, Ida, Berta, Herta, Marianne, Christiane, Gundi, Bianca, Margarete, Lena, Malin, Jana, Jill, Ursula, Claudia, Verena, Michaela, Monika, Barbara, Stefanie, Linda, Judith, Arianna, Sonja, Mika, Ina, Karin, Christina, Margit, Jutta, Trixi, Amelie, Jacqueline, Renate, Ingrid, Annelies, Jasmin, Paula, Ida, Franziska, Mari, Raphaela, Annemarie, Clara, Jessica, Sophie, Iris, Georgia, Fenja, Liane, Juliana, Susanne, Nicole, Lucia, Maren, Antje, Carolin, Vera, Ulrike, Marie, Tijen, Mareike, Diana, Viv, Pamela, Laura, Magdalina, Lisa, Tamara, Christine, Katrin, Birgit, Stella, Morgen, Carina, Cornelia, Sarah, Anika, Nicola, Michi, Nadine, Annetta, Verena, Kerstin, Elisabeth, Melanie, Beatrice, Nunu, Katja, Katharina, Kristina, Tina, Anni, Doris, Isabel, Daniela, Tanja, Magdalena, Heidi, Daniela, Antonia, Sabrina, Hannah, Selina, Silke, Tatjana, Romana, Margarita, Angela, Evangeline, Roswitha, Edith, Inge, Ute, Bettina, Karoline, Anja, Nicole, Martina, Eva, Ingrid, Rosa, Lisa, Hanni, Marguerite, Sonja, Irene, Gerlinde, Elisa, Anita, Inez, Ruth, Morgen, Iris, Gina, Katrin, Johanna, Marianne, Evelyn, Rebecca, Anke, Beate, Irene, Renate, Marlene, Ulli, Maryam, Anna-Maria, Magdalena, Sabine, Diane, Kathi, Doris, Elsa, Helene, Martina, Denise, Zoe, Corinna, Tanja, Sabrina, Nina, Simin, Susi, Brigitte, Carola, Julie, Gabriele, Hannelore, Alma, Rosi, Leona, Lidia, Juliane, Marlies, Stephanie, Angelika, Petrunjela, Eli, Clara, Astrid, Elke, Meike, Adeline, Marion, Olivia, Jennifer, Vanessa, Sibel, Melanie, Catherine, Johanna, Heidrun, Amra, Sarah, Traudi, Ness, Sissi, Paula, Sabine, Miranda, Karla, Stella, Olga, Ilse, Cécile, Natascha, Frieda …

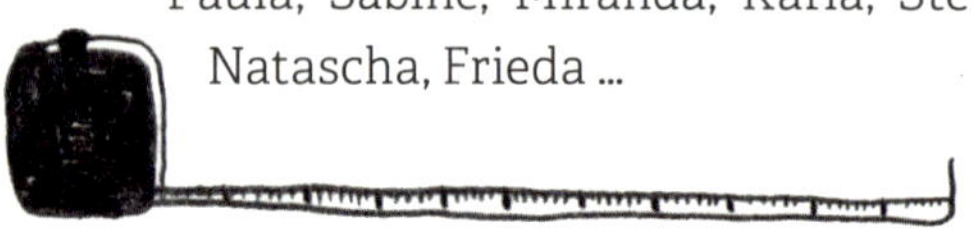

Frauen und Bühnen

ROHDIAMANTEN

Sie wollen perfekt präsentieren? Dann seien Sie gewarnt! Dieses Buch ist keine Anleitung zur Perfektion, sondern eine Anstiftung zur Authentizität. Es gibt schon genügend Ratgeber, die Ihnen erklären, wie Sie sein sollen, was Sie tun sollen, wie Sie noch perfekter werden. Dieses Buch hingegen versteht Selbstausdruck als freie Kunst mit einem Fokus auf Entfaltung statt auf Entsprechung von Normen. Sie und Ihre Persönlichkeit stehen im Rampenlicht. Ich möchte Sie, liebe Leserin, dazu animieren, das rauszulassen, was in Ihnen steckt, um auch im Mittelpunkt diejenige zu sein, die Sie wirklich sind, und das zu sagen, was Sie wirklich sagen wollen. Dieses Buch ist ein Bühnen-Booster, ein intensives Eintauchen in die Momente, in denen Sie vorne stehen und die Aufmerksamkeit auf Sie gerichtet ist. Sie werden sich klar, wofür Sie stehen und wie Sie Ihre Kompetenz authentisch und gelassen zum Ausdruck bringen. Sie wissen, wie Sie die Aufmerksamkeit Ihrer Zuhörerinnen bündeln und den roten Faden in der Hand halten, ganz ohne Zetteln und Verzetteln. Ich verrate Ihnen das Best-of meiner „Women on Stage!"-Tricks und -Tipps, mit denen ich

Frauen auf viele unterschiedliche Bühnen ihres Alltags begleite(t habe) – sei es im Rahmen meiner Female-Potential-Programme für Unternehmen, in meinen Seminaren, Coachings oder Onlineformaten. Es geht dabei nicht darum, Ihre Komfortzone zu verlassen, sondern sie zu erweitern. Das Betreten einer Bühne muss nicht gleichbedeutend sein mit Exponiertheit und Ausgeliefertsein. Vielmehr ist es eine Möglichkeit für eine achtsame Verbindung mit sich selbst und anderen.

Anfangs war mir nicht bewusst, dass mein innerer Ruf, „Women on Stage!“ zu gründen, seinen Ursprung in einer tiefer liegenden Wunde und dem langjährigen Gefühl autobiografischen Scheiterns hatte. Denn mein Leben hätte ganz anders verlaufen sollen. Ich war achtzehn Jahre alt. Ich hätte Rockstar und Kunstfotografin werden und ein wildes exzessives Leben in der New Yorker Kunstszene führen sollen – mir schwebte eine Art weibliche Version Lou Reeds, Sänger der Kultband The Velvet Underground, vor. Jugendlichen Wahnsinn und Draufgängertum hatte ich dafür zur Genüge. Ein Musikinstrument habe ich nie diszipliniert genug gelernt, aber das erschien mir für ein Rock'n'Roll-Leben ohnehin wie eine viel zu profane Herangehensweise. Filterlose Camel-Zigaretten zu rauchen hätte ich damals empfohlen – und sicherlich nicht die drogenfreien Lungenzüge wie in diesem Erwachsenenbuch. Einfach auf der Bühne durchdrehen, alles rauslassen und Stimmung machen: Das wäre doch Fundament genug für eine Grunge-Karriere in den 90ern gewesen, oder etwa nicht?

Was denken Sie, was ich stattdessen tat? Ich ging nach Wien und inskribierte Jus, widmete mich also dem Regelwerk gesellschaftlicher Ordnung und Normen. Es fühlte sich lange wie ein Scheitern an, dass ich damals nichts, also wirklich gar nichts von dieser inneren Stimme ernst genommen hatte, nicht stark genug gewesen war, wenigstens Nuancen dieses Rufs zu folgen.

Wenngleich trotzig aneckend ob des Hin- und Hergerissenseins zwischen meinen eigenen Vorstellungen und den Erwartungen anderer, denen ich dachte, entsprechen zu müssen, wollte ich es eben doch allen recht machen, sollten mich doch alle liebhaben. Einzig die zerrissenen Jeans sangen noch das Lied meines zerrissenen Selbst, während ich es längst verraten hatte. Ich orientierte mich an den Erwartungen und Ratschlägen anderer statt an meiner inneren wilden, lauten, ungezähmten Stimme.

Und wissen Sie was? Mir wird täglich mehr bewusst, dass ich dieses erste große Scheitern mit meiner täglichen Arbeit heile und just darin meine Berufung gefunden habe: Frauen, unabhängig ihres Alters, dabei zu begleiten, ihre innere Stimme wahrzunehmen und nach außen zu tragen. Von innen nach außen. Authentisch statt perfekt. Daher steckt in diesem Buch auch ein bisschen Rock'n'Roll. Ich möchte mit Ihnen an die entlegensten Stellen Ihrer Speaking Journey reisen, wo wir Licht und Schatten entdecken und diese authentischen Bilder und Geschichten auf Ihre Bühnen bringen werden.

Es gibt einen Moment, in dem ich Menschen den Weg ins Rampenlicht ebnen darf, der für mich der schönste überhaupt ist, sei es bei der Moderation der TEDxLinz oder in meinen Seminaren: Wenn ich „Die Bühne gehört Dir" sage. Dabei sehe ich ständig Schätze in Menschen, bin berührt und begeistert von den Frauen, die ich begleiten darf, und all dem, was in ihnen steckt: so viele Rohdiamanten, die durch die Schichten der Selbstzweifel blitzen.

Meine tägliche Arbeit könnte ein einziges Märchen über die Freilegung dieser Diamanten sein, hätte sie nicht einen Haken: Die Frauen, von denen ich so begeistert bin, sind meist weniger begeistert von sich selbst. Kommt Ihnen das bekannt vor? Haben Sie auch eine Freundin, eine Kollegin, eine Mitarbeiterin, die Sie großartig finden und bewundern, die sich aber selbst nicht so großartig findet? Die im Gegenteil eher an sich zweifelt, andere besser findet als sich selbst, unzufrieden ist mit diesem und jenem, nicht das sieht, was sie zu einer so großartigen Person macht? Die vieles an sich selbst nicht als sehens- und hörenswert erachtet. Ich traue mir die Wette zu, dass auch Sie so eine Frau kennen – und umso mehr, dass auch Sie selbst so eine Frau für andere sind.

Eins verrate ich Ihnen vorweg: Ich selbst bin meine schwierigste Kundin! Alle Anregungen in diesem Buch sind am eigenen Leib erprobt, und wenn sie bei mir funktionieren, dann ganz sicher auch bei Ihnen – unabhängig davon, was für eine harte Nuss Sie sind, wenn es darum geht, den Schatz in Ihnen wahrzunehmen und zum Ausdruck zu bringen. Lange war es so, dass ich in dem Moment, in dem ich andere toll fand, mich selbst abwertete. Ich legte den Fokus so sehr auf die anderen, die in meinen Augen coolen Mädchen, die großartigen Frauen, dass ich mich in diesem Moment selbst völlig vergaß. Je größer und toller die anderen, desto kleiner wurde ich, machte ich mich.

Es gibt eine ganz typische Situation in meinen Seminaren, in denen sich die Teilnehmerinnen auf der Übungsbühne erproben: Sobald eine einen tollen Auftritt hinlegt, werden die anderen zögerlich. „Die Latte liegt jetzt aber hoch", heißt es dann, „nach Dir möchte ich jetzt aber nicht drankommen." Genau diese Scheu hilft Ihnen allerdings nicht, wenn es darum geht, sich zu zeigen und Ihr Potenzial zum Ausdruck zu bringen. Noch viel weniger können wir es brauchen, dass wir uns füreinander zurücknehmen, uns füreinander kleinmachen, damit sich bloß niemand schlecht fühlt.

Dieses Buch soll Lust auf Bühne und Sichtbarkeit machen, es soll Sie auf Ihrem Weg dorthin begleiten und in Ihrem Bewusstsein bestärken, dass Sie gut so sind, wie Sie sind. Auf dass Sie Ihre eigenen Möglichkeiten erkennen und ergreifen, Ihre eigenen Fähigkeiten und Kompetenzen zum Ausdruck bringen. Sie sollen hier nicht zu einer Rampensau werden, wenn Sie das nicht möchten, sondern als authentische Rampenfrau das sagen, was Sie wirklich sagen wollen.

GEMEINSAM MIT UNSEREN MÜTTERN UND TÖCHTERN

Ich werde immer wieder gefragt, warum ich dieses Buch speziell für Frauen schreibe und warum ich derzeit fast ausschließlich mit Frauen arbeite. Wurde Aristoteles jemals gefragt, warum er seine Lehren zur Rhetorik nur an Männer richtete? Nun gut. Nein, ich halte Frauen nicht für rhetorisch inkompetenter und hilfsbedürftiger als Männer. Nein, Frauen haben kein Monopol auf Unsicherheiten, wenn es um Selbstpräsentationen geht – auch Männer müssen Hürden überwinden. Vor Menschen sprechen zu müssen, ist Alptraum und Urangst von vielen, unabhängig vom Geschlecht. Ich für meinen Teil möchte schlicht, dass wir Frauen uns endlich nicht mehr kleinreden, uns nicht immer mit Selbstkritik und Perfektionsanspruch selbst im Weg stehen, uns nicht mehr keinen Platz zugestehen.

Wenngleich es kein Wunder ist, haben wir doch als Gesellschaft die letzten Jahrhunderte damit verbracht, Frauen zu vermitteln, dass ihre Stimme öffentlich nicht von Bedeutung ist. Noch zu Lebzeiten manch unserer Großmütter durften Frauen nicht nur nicht gewählt werden, sondern nicht einmal zur Wahl gehen. Sie hatten (wortwörtlich) keine Stimme. Manche unserer Mütter brauchten noch die Unterschrift ihres Ehemanns, damit sie beruflich sichtbar werden, sich beruflich zum Ausdruck bringen durften. Sei es nun gesetzlich verankert oder unausgesprochen: Kulturelle Normen und soziale Konditionierungen lassen sich nicht von heute auf morgen abschütteln. Sie sitzen tief. Sie limitieren. Wir haben sie in unseren Verhaltensmustern internalisiert, in unseren Rollenbildern und Glaubenssätzen. Und stehen uns damit jetzt selbst im Weg. Im Vergleich zu Männern sind Frauen besonders selbstkritisch und streng mit sich. Das hält uns, oft unbewusst, noch immer davon ab, mit Selbstverständlichkeit das Glas für eine Rede zu erheben, das Podium zu betreten und die eigenen Perspektiven aufzuzeigen. Daran ändert auch die überdimensional große „The Future Is Female"-Fahne nichts, die aktuell durch die Medien und in die neu verhandelten gesellschaftlichen Narrative weht.

Wir müssen Selbstermächtigung erst kollektiv und individuell erlernen, bis sie in langfristige neue Selbstbilder und gemeinsame Bühnenbilder mündet. Das geht nicht von heute auf morgen.

Ich muss in diesem Kontext immer wieder an Findi denken, den aufgeregt im Kreis laufenden Pudel meiner Großeltern. Er war wohl dem Tierheim entlaufen und stand eines Tages vor ihrer Tür. Die Grenzen seines Käfigs wurde er zeit seines Lebens nicht los. Auch in den Weiten des großelterlichen Gartens rannte er meistens in kleinen Kreisen und nicht geradewegs drauflos. Die Vision meiner täglichen Arbeit ist es, in großen Gärten, in großen Bühnen zu denken und zu agieren, und meine Kundinnen an diese Größe zu erinnern. Vorbei an den Imperativen, die auf viele von uns seit Kindheitstagen einwirken, wie „Reden ist Silber, Schweigen ist Gold" oder „Sprich nur, wenn Du gefragt wirst". Eigene Kompetenzen zum Ausdruck zu bringen, wurde bei manchen mit „Eigenlob stinkt" oder mittels subtilen Gebots abgestoppt – sich selbst nicht zu wichtig nehmen, sich nicht zu sehr in den Vordergrund drängen, sich lieber höflich im Hintergrund halten und den anderen größeren und gescheiteren Menschen den Vortritt lassen, lieber nicht zu sehr auffallen, tunlichst vermeiden, mit eigenen Aussagen anecken und das hierarchisch zementierte Harmoniegefüge (zer-)stören.

Es macht mich in meiner Arbeit immer wieder betroffen, wenn ich erlebe, wie streng Frauen im Dialog mit sich selbst sind, wie hart sie mit sich reden und über sich urteilen. Es ist zum Haare raufen (daher meine Frisur), wie viele Frauen das Gefühl haben, nicht gut genug zu sein, wie viele Frauen nicht sehen, wie großartig sie sind, sondern stattdessen den Fokus auf ihre Defizite richten. Ein gesamtgesellschaftliches Organversagen. Ein Jahrhunderte alter kollektiver Käfig, den es aufzubrechen gilt. Gemeinsam. Und zwar jetzt.

„Mehr Frauen müssen auf die Podien dieser Welt!“, hören und lesen wir aktuell häufiger in den Medien. Es ist eine unwiderlegbare Tatsache, dass bei Podiumsdiskussionen, Vorträgen, Interviews mehr Männer auf Bühnen zu finden sind als Frauen. Keine Frage, dass sich das ändern muss. Keinesfalls will ich mich aber dem (subtil spürbaren) neuen Imperativ anschließen, jetzt Frauen als una bella figura an den Haaren auf die patriarchalen Bühnen zu zerren. Der aktuelle Ruf nach Frontfrauen – nach Frauen, die vorne stehen sollen für ein allgemeines Image statt für sich selbst – ist eine trügerische Angelegenheit. Also Achtung, wenn jetzt **Female Empowerment** draufsteht, impliziert das nicht unbedingt ein neues Wertesystem, sondern oftmals einen verzweifelten Schrei nach diversitätskonformem Image und Arbeitskraft. Ist es nicht absurd, dass es einen eklatanten Fachkräftemangel braucht, damit endlich erkannt wird, dass auch wir Frauen einen beruflichen Wert haben? Umso wichtiger ist es in Zeiten, in denen wir aufgrund unseres offensichtlich gewordenen Potenzials umgarnt werden, dass wir dabei auch auf uns selbst schauen: **Empowerment vs. Emburnoutment.**

MIT DEM FINGER AUF DIE WUNDEN

Sehr lange Zeit meines Lebens herrschte das Gefühl in mir vor, nicht zu passen, es nicht zu checken, irgendwie falsch zu sein. Mir war dabei nicht einmal bewusst, wie falsch es ist, sich vom fehlersuchenden Rotstift externer Instanzen definieren zu lassen. Während ich diese Zeilen schreibe, bin ich selbst dabei, meine Tochter beim Größerwerden in Richtung ihrer eigenen Identität, entlang ihrer eigenen Selbstbilder zu begleiten. Sie ist gerade in dem Alter, in dem ich selbst immer mehr zerbrach an der Welt, die mir vorgab, wie ich sein sollte, wo ich als Mädchen lernte, wie ich sein sollte, damit ich passte. Ich spüre sie noch in mir, als ob sie in meinen Zellen gespeichert wären (sind sie wohl auch): den Stress, die Unruhe und Ängste, die meine schlechten Schulnoten in meinem Umfeld auslösten. Ich sehe sie noch vor mir, die strengen Mienen und harten Gesichter. Ich höre sie, die lauten, gestressten Stimmen, die mir erklärten, was ich machen, können und von mir geben müsste. Ich lernte, dass es Erwartungen gibt, denen ich entsprechen sollte, und dass es Stress und Angst für mein Umfeld und somit auch für mich bedeutete, wenn ich diesen für mich vorgesehenen Bildern nicht entsprechen konnte. Ich lernte, meine Gefühle zu verstecken, um nicht noch mehr Stress zu machen. Ich lernte, Situationen über mich ergehen zu lassen. Ich verlernte, in mich hineinzuhören, was da in mir war, wer ich war bzw. überhaupt wahrzunehmen, dass ich selbst jemand war. Ich begann, meine eigenen Träume als etwas Lächerliches zu empfinden. Ich passte mich also für gute Noten und Zuspruch an – damit die Gesichtsausdrücke um mich herum wieder sanfter, die Stimmen um mich herum wieder wärmer und die Hände, die mich führten, wieder weicher und entspannter wurden.

Heute weiß ich, dass nicht ich der Fehler war, sondern das System, in dem ich eingebettet war, diese subjektive Wahrnehmung forcierte. Heute lese ich bei der Kommunikationsikone Schulz von Thun, dass Schule und Arbeitsleben Brutstätten der Selbstoffenbarungsangst seien.[1] So lernte ich, hart und streng zu mir selbst zu sein und mich immer mehr unter Druck zu setzen, ohne zu merken, dass ich mich immer mehr von mir entfernte. Ich wünsche mir für meine Kinder, dass sie sich frei entfalten dürfen, dass ihnen keine Entwicklungs-

1 Schulz von Thun (2001). Miteinander reden 1, Störungen und Klärungen. Reinbek: Rowohlt, S. 106.

korsette abgewöhnen, der eigenen inneren Wirklichkeit nachzugehen und sie zum Ausdruck zu bringen. Heute übe ich mich im warmen und weichen Dialog mit mir selbst, damit alles in mir in dieser Wärme gedeihen und sich entfalten darf. Viel zu lange dachte ich, dass etwas mit mir nicht stimmte, es an mir lag, dass ich noch an mir arbeiten musste, dass ich noch besser werden musste, um irgendwann gut genug zu sein, um von irgendeiner externen Instanz **(welcher eigentlich?)** einen Sanktus **(welchen eigentlich?)** zu bekommen – die klassische Sehnsucht nach äußerer Bestätigung bei innerer Unsicherheit. Mittlerweile weiß ich, dass ich nicht allein damit bin, sondern dass ähnliche innere Phänomene auch andere Frauen von einem entspannten Selbst und der eigenen Ausdrucksweise abhalten, und dass es sogar Fachausdrücke dafür gibt.

Schon mal den Begriff „Insecure Overachiever" gehört? Die unsichere Über-Performerin gleicht die eigene Unsicherheit mit zusätzlicher Performance aus, leistet immer noch mehr: noch eine Ausbildung, noch eine Fleißarbeit, noch eine Draufgabe. Sie bereitet sich doppelt und dreifach vor, schläft lieber weniger, verzichtet lieber auf ihren Spaß, auf ihren Sport, auf sich selbst, um mindestens 150 Prozent zu geben, wenn 80 Prozent auch gereicht hätten. Das schlägt in die Kerbe des medial bekannteren „Impostor-Syndroms", auf Deutsch Hochstaplerinnen-Syndrom: „Was, wenn sie merken, dass ich in Wahrheit gar nicht so viel weiß und kann, wie sie denken? Was, wenn sie glauben, dass ich keine Ahnung habe?" Es ist dieses nagende Gefühl, dass hinter all den beruflichen Qualifikationen, Ausbildungen, Erfahrungen eigentlich nichts Besonderes steckt. Bisherige Erfolge werden abgewiegelt, auf Zufall oder Glück zurückgeführt. Das führt dazu, sich nicht einzubringen – aus Angst, etwas Falsches zu sagen und als Nicht-Genug-Wissende bloßgestellt zu werden. Dieses Phänomen ist übrigens auch bei äußerst erfolgreichen Menschen verbreitet, zumal mit dem Erfolg auch die Angst vor dem Auffliegen und der Performance-Druck größer werden. Die nagende Stimme der Selbstzweifel wird oft dann besonders laut, wenn wir Neues, etwas Großes wagen, wenn wir für unser Wachstum aus der eigenen Komfortzone wollen. Ich habe sie durchs Telefon gehört, wenn ich Frauen fragte, ob sie auf unserer TEDx-Bühne einen Vortrag halten wollten: „Wie sind Sie denn auf mich gekommen? Da gibt es sicher andere, die viel mehr zu diesem Thema wissen." Mit etwas Glück sagten sie nicht gleich nein, sondern baten um noch etwas Bedenkzeit – und nicht selten empfahlen sie im Folgegespräch einen männlichen Kollegen. Männer sagten viel schneller zu, Bedenken erlebte ich dabei selten.

Sie können dieses Buch sofort zuklappen, wenn Sie mir versprechen, dass Sie ab jetzt jede Einladung auf eine Bühne einfach immer annehmen, dass Sie „Ja" sagen. Denn damit hätte ich mein Anliegen großteils erreicht. Ich bitte Sie dennoch, dass Sie weiterlesen, denn mir geht es ja auch darum, dass Sie sich selbst Ihre Bühnen nehmen und so gestalten, dass es Ihnen im Rampenlicht gut geht.

Ich finde mich selbst immer wieder in diesen Selbstzweifeln, in der Angst wieder, dass meine Leistung nicht gut genug ist oder war. Was würde ich tun, wenn mich jemand auf eine TEDx-Bühne laden würde? Wahrscheinlich in kreischende Panik verfallen und aufs Klo laufen. Dann jedoch würde mich mein lieber Coach Stefan an eins erinnern: „Claudia, wenn Du beim Gedanken daran Durchfall bekommst, dann mach es."

Solche Zusprüche sind Kraftquellen im Leben. Nach einem Vortrag an unserem damals neuen Wohnort Linz hatte ich einmal eine derartige Unsicherheitsattacke, dass ich meinen Mann mitten in der Nacht mit bitterem Ernst davon überzeugen wollte, dass wir gleich noch einmal übersiedeln müssten. Ich wälzte mich im Bett und dachte an das Vorgetragene und an das, was ich zu sagen vergessen hatte, und erschauderte vor Scham. Ich war zutiefst davon überzeugt, dass die einzige Lösung ein fluchtartiges Verlassen der Stadt war.

Die Schamforscherin Brené Brown spricht in diesem Zusammenhang von „Vulnerability-Hangover", also einem Verletzlichkeitskater. Doch ist das, was uns potenziell unangenehm ist, was wir als defizitär empfinden – sei es unser Fachwissen oder unsere Art zu sprechen –, wirklich Grund genug, uns zu verstecken? Stellen Sie sich doch einen Moment lang vor, wie viele Meinungen nicht kundgetan, wie viele Erfahrungen und Blickwinkel, wie viel Expertise nicht geteilt, wie viele Projekte, wie viele Ideen nicht vorgeschlagen wurden, aus einem einzigen verheerenden Grund: weil die Urheberin dachte, es wäre (noch) nicht gut genug. Raufen Sie sich auch schon die Haare?

Ich weiß jetzt, dass das nicht nur meine, sondern eine kollektive, systemische Wunde ist, die uns universell verbindet – seien wir Finanzvorständin oder Künstlerin, Unternehmensberaterin oder Körpertherapeutin, Führungskraft im männerdominierten Tech-Business oder in sozialer Einrichtung mit hohem Frauenanteil. Mein(e) Beruf(ung) besteht darin, den Finger immer wieder auf diese Wunde zu legen.

Nicht für den Schmerz, sondern für die Heilung. „Mach Deine Wunden zu Deiner Weisheit", postulierte einst Oprah Winfrey. Genau das tue ich. Viele meiner Women on Stage!-Weisheiten wurzeln weniger in meinen vielen Ausbildungen als in meinen Wunden.

Als wir als kleine Mädchen laufen lernten, zeugten die wunden Knie von unseren unzähligen Versuchen, vom mutigen Immer-wieder-Aufstehen und tapferen Weitermachen. Wohl keine von uns hat zu ihren Eltern gesagt: „Die Knie tun weh. Ich habe keinen Bock mehr, gehen zu lernen." Lassen Sie uns auch als erwachsene Frauen mutig und tapfer immer wieder Raum auf Bühnen einnehmen. Trotz weicher Knie, trotz gelegentlich wunder Knie. Immer wieder aufs Neue. Wie früher.

So gebären wir sie gemeinsam: die Rampenfrau und die neuen entstehenden Bühnenbilder. **Die Rampenfrau, eine Frau wie Sie und ich,** die ihre Ängste, ihre Selbstzweifel, ihre Ansprüche an sich selbst in den Griff bekommt, um sich ins Rampenlicht zu wagen. Weil viele eben keine Rampensau in sich haben und dennoch gesehen und gehört werden müssen, weil auch die Rampensäue unter uns es nicht immer sind und einfach sie selbst bleiben wollen – ob sie sich nun gerade danach fühlen, nach vorne zu preschen oder sich in sich zurückzuziehen. Die Rampenfrau ist keine Superheldin, die sich mit zwanghaften Superlativen unter Druck setzt. Sie ist, wer sie ist und wie sie gerade ist: „Ok ist auch ok", sagt sie sich an Tagen, an denen es nicht wie gewünscht läuft. Sie ist gut zu sich und weiß, wofür sie steht – und genau dafür geht sie los.

RUNDE BÜHNEN SIND DIE ZUKUNFT

Vielleicht denken Sie sich, dass Sie gar nicht so oft auf einer Bühne stehen. Vielleicht denken Sie dabei an das typische Bild einer Bühne, die architektonische Erhöhung vor einem Publikum, die strahlenden Scheinwerfer.

„Bühne" ist jede Situation, in der Sie sich sichtbar machen und zum Ausdruck bringen, sich exponieren und gesehen werden, Aufmerksamkeit bündeln mit Ihren Aussagen: ein Vortrag, eine Präsentation, das Kennenlernen der Schwiegereltern, eine Podiumsdiskussion, ein Interview, ein Fernsehauftritt, Verhandlung oder Vorstellungsrunde, Reden bei Weihnachtsfeiern und Hochzeiten. Es muss nicht immer eine große Bühne sein. Im täglichen Leben gibt es unterschiedlich kleine und große Bühnen, die Sie bewusst einnehmen und nutzen können für das, was Ihnen wichtig ist. Ein entscheidendes Telefonat oder Vier-Augen-Gespräch mit einer Kundschaft oder einer Führungskraft kann genauso ein Bühnenmoment sein wie ein Widerspruch bei einer Teambesprechung oder einem Elternabend.

> » Die ganze Welt ist eine Bühne.
> *William Shakespeare*

Oft sind wir uns dieser Gestaltungsmöglichkeiten nicht bewusst. Vielleicht haben Sie auch keinen konkreten Anlass, sondern einfach das diffuse Gefühl, dass da noch mehr in Ihnen steckt und Sie das auf die Bühnen Ihres Lebens lassen möchten. Mit meiner Arbeit schaffe ich einen geschützten Rahmen, einen Safe Space, wo sich Frauen spielerisch auf der Bühne erproben und entfalten können, um dann sicher und voller Freude „im echten Leben" auf ihren Bühnen zu stehen. Ich habe anfangs nicht einmal im Ansatz erahnt, welche Kraft in so einer Runde steckt, wenn sich Frauen gemeinsam auf den Weg machen, wenn sie sich bei den typischen Hürden und Hindernissen gegenseitig unterstützen und bestärken. Ich liebe diesen Moment, in dem meine Kundinnen die Freude an sich selbst entdecken und sie strahlend zum Ausdruck bringen. Genau für diesen Moment habe ich Women on Stage! gegründet.

Zuvor war die TEDxLinz über einige Jahre Fixpunkt und Highlight meines Jahresrhythmus, anfangs als Mitorganisatorin, dann als Moderatorin, Kuratorin und Speaker Coach. TEDx ist ein regionaler Ableger der internationalen Ideenkonferenz und weltweit größten Vortragsplattform „TED – Ideas Worth Spreading", eine Art Vortragsfestival, das sich der optimistischen Zukunftsgestaltung verschrieben hat. Da gab es viele Aha-Momente: Es kommt nicht nur darauf an, wie wir auf bestehenden Bühnen Raum einnehmen, sondern wie wir Bühnen füreinander und für uns selbst gestalten und wie wir uns gegenseitig auf Bühnen holen können. Es geht so viel mehr um Verbindung zwischen Menschen als um noch mehr Informations-Overload in einer überinformierten Welt. Geschichten erzählen so viel mehr als nur abstrahiertes Wissen. Idealerweise gehen wir als Menschen auf die Bühne, sind menschlich und somit auch verletzlich, statt uns hinter Rollen oder Funktionen zu verbarrikadieren.

In der Auseinandersetzung mit der Angst vor Exponiertheit und der Frage, wie ich meinen Kundinnen diese Angst nehmen könnte, entwickelte ich einen neuen Blick auf das Phänomen Bühne. Meine Vision ist es, die veraltete Kanzel, von der (meist Männer-)Weisheiten gepredigt werden, als Bühnenbild zu verabschieden. Stattdessen lade ich Sie zurück in die Zukunft des Kreises – der ursprünglichsten Form von Zusammenkunft und Wissensvermittlung: Lange vor der Schrift und den Büchern wurde im Kreis rund ums Lagerfeuer Wissen vermittelt, Gesellschaft und Leben gestaltet, über Gegenwart und Zukunft entschieden.

Mir geht es um eine komplett neue Haltung zur Dynamik „Bühne". Ich nenne sie die **„Verkreisung"**. Weg von der Konfrontation, weg vom Frontalunterricht, weniger eine vierte Wand Richtung Publikum, weniger Show und Performance – dafür mehr interaktives Miteinander, mehr Integration, Kooperation, kollektive Reflexion. Also weniger Ego, mehr Miteinander. Pfeifen wir doch auf die Podeste, auf die künstliche Selbsterhöhung, auf das innere Schrumpfen, wenn wir andere toller finden als uns, und den inneren Druck, wenn wir uns auf die Kanzel stellen und etwas Gescheites predigen müssen. Ich möchte die hierarchische Dimension des Phänomens „Bühne" aufbrechen, unseren kollektiven Glaubenssatz, dass „Gescheites" von oben nach unten kommt, sondern dass wir uns stattdessen als Menschen wieder miteinander im Kreis einfinden. Egal vor wie vielen Menschen Sie sprechen, wenn Sie innerlich im Kreis bleiben, nehmen Sie sich den Druck, von der Kanzel Weisheiten predigen zu müssen. Sie teilen Ihren Blickwinkel im gemeinsamen Kreis. Klingt das nicht viel entspannter?

In meiner Vision sehe ich statt (kon-)frontaler Bühnen lieber gesellschaftliche Kreise, in denen wir uns verbunden fühlen und den Austausch kooperierend, interagierend gemeinsam gestalten. Ich frage mich, ob das Qualitäten sind, die in einer patriarchal geprägten Welt wenig Wert haben, weil das kompetitive „Höher, schneller, weiter" den Takt angibt. Von Melanie von Sass habe ich gelernt, dass die männliche Kommunikationsform die Konfrontation, die weibliche jedoch der Kreis sei. In meiner Vision bringt die Renaissance des Bühnenkreises neue Qualitäten in unseren zwischenmenschlichen und öffentlichen Diskurs sowie eine neue Haltung: Im Kreis rückt das Gemeinsame in den Mittelpunkt. **Im Kreis** sind wir auf Augenhöhe. Im Kreis gibt es eine Vielfalt an gleichwertigen Perspektiven. Die Verkreisung macht unser herkömmliches Bühnen- und Rhetorikverständnis runder, ganzheitlicher, perspektivenreicher. So geht Female Empowerment uns alle an, nicht nur Frauen. „In the coming age of feminine society we'll regain our human dignity", lauten

Yoko Onos erste Zeilen in ihrem Buch *Woman Power*.[2] Auf dass sich alle Menschen, unabhängig ihres Geschlechts, eingeladen fühlen, auf unseren gemeinsamen gesellschaftlichen Bühnen im Kreis zusammenzukommen. Willkommen im Kreis der runden Bühnen!

RHETORIK: KUNST VS. TECHNIK

Viele unserer Aktionen sind Reaktionen auf die Menschen, die uns prägten. Viel von dem, wie wir als Frauen agieren, ist demnach eine Reaktion auf die Frauen, die uns prägten – auf unsere Mütter, Tanten, Großmütter, Lehrerinnen, Cousinen, Freundinnen. Manches davon mag eine unreflektierte Schlussfolgerung, manches trotziger Widerstand, manches unbewusstes Copy & Paste sein.

> *Welche Frauen haben Sie geprägt?*
> *Welche Bilder, welche lauten oder leisen Imperative, welche Dos & Don'ts haben sie Ihnen mitgegeben und prägen Sie auf Ihren Bühnen?*

Seit ich mich erinnern kann, steht meine Mama vorne, in der ersten Reihe, auf Bühnen, vor Menschen, vor Männern. Sozialisiert in der patriarchalen Normalität einer oberösterreichischen Kleinstadt war das oft nicht leicht – nicht für sie, aber auch nicht für mich als Tochter. Wieso kann sie nicht „normal" sein und wie die anderen Mamas in der Küche stehen, Buttersemmeln streichen und mir einen Geburtstagskuchen backen? Vor Kurzem fand ich einen Zeitungsartikel aus dem Jahr 1991 über sie. Ich war damals dreizehn Jahre alt: „In einer

2 Yoko Ono (2016). Woman Power. Stockholm: Bakhåll, S. 1.

neuen Karriere als Kommunikationstrainerin will sie jetzt Führungskräfte in die Kunst der richtigen Präsentation einweihen. (...) Nach der Übernahme der Unternehmensführung des Familienbetriebs machte sie aus dem patriarchal geleiteten Betrieb ein in Teamarbeit geführtes, expansives Unternehmen." Wenn ich nun die töchterliche Brille abnehme, finde ich, klingt das doch ganz in unserem Sinne. Vielleicht geht es genau darum: die eigene Geschichte heilen und darin die Kraft erkennen. Söhne übernehmen oft väterliche Betriebe, ich anscheinend eine mütterliche Vision.

Wer sind sie also, wofür stehen sie, was verkörpern sie, die Rampenfrauen des 21. Jahrhunderts? Wie sieht ihr Bild von sich selbst als Frau aus, die vorne steht, auf Bühnen? Ich jedenfalls sehe keine gehorsamen Mädchen in diesen neuen Bühnenbildern, die brav das machen und sagen, was von ihnen erwartet wird, um dann – zwar sichtbar auf Bühnen, aber dennoch alten Imperativen gehorchend – bedeckt zu bleiben vom alten Schleier der Bescheidenheit, des Entsprechens, des Allen-recht-machen-Wollens, des Gefallen-Wollens, des Nicht-zu-viel-sein-Wollens. Ich sehe Frauen, die sich entfalten, Frauen, die im Rampenlicht sie selbst bleiben, die ihrer Stimme freien Lauf lassen. Dieses neue Bühnenbild ist gleichzeitig ein Antrieb und die mich anziehende Vision für meine tägliche Arbeit, für dieses Buch, für die Welt meiner Tochter und Stieftöchter. Und wie Sie sich nun denken können, halte ich mich nicht brav an die Rhetoriktechniken, die ich von klein auf vorgelebt bekommen habe, sondern mache mein eigenes Ding – glaube weniger an Technik als an Transformation. Soll Rhetorik nicht Befreiung und Ermächtigung Richtung Bühne sein statt ein technisches Korsett?

Sprache ist Ausdruck der inneren Stimme. Jeder Mensch hat einen individuellen, persönlichen Stil. Diesen zu bestärken und freizulegen, bedarf eines achtsamen, transformativen Weges, der mit der Auseinandersetzung mit sich selbst beginnt. Nicht selten passiert es, dass Kundinnen in ihren vermeintlichen Makeln ihre Markenzeichen entdecken. Ich finde, es ist an der Zeit, Rhetorik als freie Kunstform zu verstehen: als kreativen Prozess, der bei einem selbst beginnt und im individuellen Ausdruck sichtbar wird. Damit der Begriff der Rhetorik nicht umsonst mit „die **Kunst** der Rede" ins Deutsche übersetzt wurde. Es geht mir darum, Sie in Ihrem persönlichen individuellen Selbstausdruck zu bestärken, damit Sie Ihren eigenen Stil entstehen lassen können, anstatt sich Techniken anzueignen und von außen aufsetzen zu lassen, die dann eben auch „aufgesetzt" sind. Je weniger die Teilnehmerinnen in meinen Seminaren daran denken, was sie genau wie machen sollen und je mehr sie mit sich selbst verbunden sind, desto leichter fällt es ihnen, desto authentischer treten sie auf, desto zufriedener sind sie mit sich selbst und ihrem Können. Authentischer Selbstausdruck entsteht wie von selbst, wenn wir in unserer Mitte sind und nicht grübeln, wie es von außen aussehen soll. So kommen Körpersprache, Mimik, Gestik, Betonung, Sprachmelodie und Spannung in einen Flow authentischen Ausdrucks. Damit Sie auf Ihren Bühnen Sie selbst bleiben können, brauchen Sie also weniger Technik als vielmehr einen Zugang zu Ihrer schöpferischen Quelle sowie einen entspannten inneren Zustand, damit es aus dieser Quelle frei sprudeln kann. Rhetorik als Kunst versteht sich als ganzheitlichen Transformationsprozess, in dem Sie Ihre inneren Diamanten freilegen und auf Ihren Bühnen sicht- und hörbar machen.

Verstehen Sie dieses Buch daher bitte nicht als Verhaltensanordnung, sondern als Einladung zu einer transformierenden, schöpferischen Reise. Sie bezieht sich auf Ihre Ganzheit, auf die Einheit körperlicher und kognitiver, rationaler und geistiger Ebenen, ein Kommunikationsyoga quasi. Yoga kennt keine Hierarchie, und so ist die Yogamatte das passende philosophische

Fundament für diese neue Bühnenarchitektur. Beim Yoga geht es um den Glauben an die Möglichkeiten unseres Bewusstseins und das Bestreben, unser Potenzial zu verwirklichen, ganz nach der Yogaikone B. K. S. Iyengar.[3] Seit meinen Zwanzigern ist Yoga der Weg aus meiner inneren Schüchternheit, aus dem unsicheren Mädchen in mir (mit Rock'n'Roll-Eskapaden in kleinen dörflichen Kneipen und großen überdimensionalen Tagträumen) hin zu Bewusstheit und Selbstwert. Die Bühne als Yogamatte, auf der Sie sich in Ihrem eigenen Rhythmus frei bewegen, dabei Sie selbst sind und sich auf Ihre Art zum Ausdruck bringen.

TRANSFORMATION VON INNEN STATT TECHNIK VON AUSSEN.

PERSÖNLICHKEIT STATT PERFEKTIONISMUS.

ENTFALTEN STATT ENTSPRECHEN.

Die drei Credos ganzheitlicher Rhetorik als Kunstform und transformative Reise.

3 B. K. S. Iyengar (2012). Licht auf Pranayama: das grundlegende Lehrbuch der Atemschule des Yoga (Prānāyāma dīpikā). Mit einem Vorw. von Y. Menuhin. Übers. H. U. Möhring. München: Barth, S. 15.

DIE REISE DER RAMPENFRAU

„Speaking is a journey", heißt es im Dunstkreis der renommierten TED-Talks und soll heißen, dass wir, wenn wir uns für Vorträge, Präsentationen, Reden vorbereiten, eine kleinere oder größere Reise antreten. Damit ist weniger die äußere tatsächliche Anreise gemeint, sondern vielmehr die innere Auseinandersetzung mit sich selbst und mit dem, was uns wichtig ist, mit dem, was uns und unsere Inhalte ausmacht.

Ich möchte Sie jetzt auf Ihre eigene Speaking Journey einladen – eine Reise zu der Rampenfrau in Ihnen, zu Ihrer Botschaft, zu Ihren Bühnen. Wie es auf Reisen so ist, freundet man sich währenddessen miteinander an. Darf ich Ihnen daher zum Auftakt unserer Reise das Du anbieten? Ich bin Claudia und ich verstehe mich selbst als Reisende. Ich möchte Dir als liebevoll motivierende, notfalls auffangende, strategisch vorausdenkende und humorvoll zuzwinkernde Begleiterin zur Seite stehen. Ich stelle Fragen, die Dir dabei helfen sollen, Deine eigenen Antworten zu finden – das bringt Dich weiter als 1000 Ratschläge. Ich glaube an das intuitive Wissen Reisender: Was Du für Dein Leben brauchst, erfährst Du auf der Reise Deines Lebens. Die Reise Richtung Bühne, die Du mit diesem Buch antrittst, wird Dich immer wieder ein Stück aus Deiner Komfortzone locken und Überwindung kosten. Doch es zahlt sich aus, denn Du hast ein Ziel:

DU BIST, WER DU BIST & SAGST, WAS DU WIRKLICH SAGEN WILLST. AUF ALLEN BÜHNEN DEINES LEBENS.

Auf Reisen entdecke ich neue, immer wieder andere Facetten an mir. Ich liebe die vielen Begegnungen mit anderen, aber auch mit mir selbst. Auf Reisen finde ich mich in neuen, sich oft größer anfühlenden Selbstbildern wieder, so bin ich in Paris eine andere als in der schwedischen Natur, im Wiener Kaffeehaus eine andere als am Gipfel eines Tiroler Berges. Daher lade ich Dich ein, auf dieser Reise neue, vielleicht sogar größere Versionen Deiner Selbst kennenzulernen und zuzulassen, die im gebeugten Tunnelblick des täglichen Tuns oftmals verborgen bleiben. Lass uns also gemeinsam aufbrechen, denn es ist höchste Zeit.

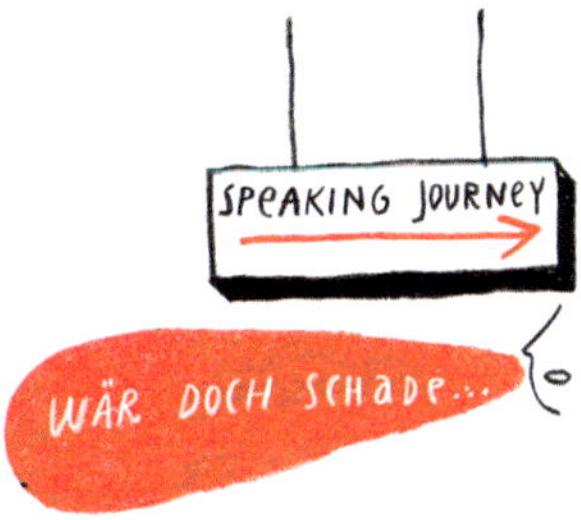

HIER GEHT'S ZUM CHECK-IN

Wer das Ziel kenne, finde den Weg, heißt es so schön. Um in die richtige Richtung zu starten und Deinen inneren Kompass zu aktivieren, setzt Du Dir gleich zu Beginn Dein Reiseziel – an dieser Stelle bitte keine Bescheidenheit oder unnütze Zurückhaltung in der Zielsetzung! Visionen haben magnetische Kraft. Lass Dich von ihnen ziehen (statt von der Angst zurückhalten oder vom Perfektionismus unter Druck setzen).

Wo stehst Du gerade? Welche sind Deine Bühnen? Auf welchen von ihnen fühlst Du Dich wohl, welche aber geben Dir ein mulmiges Gefühl? Wohin soll Dich Deine Speaking Journey führen? Auf welchen Bühnen möchtest Du noch mehr Raum einnehmen? Was möchtest Du auf diesen Bühnen noch mehr leben und zum Ausdruck bringen?

Unser Reiseproviant ist ein Mix aus zeitlosen Tricks der alten Griechen (in diesem Fall ist leider wirklich nur die männliche Form wahrheitsgemäß) und zeitgeistigen Public-Speaking-Trends im Stil der TED-Talks, Tools für strukturierte klare Ansagen und eine empathische Vorbereitung für Deine Zuhörerinnen, ohne dabei Dein eigenes Bühnenziel aus den Augen zu verlieren. Wir verbinden rhetorische Kniffe und strategische Raffinesse mit achtsamem Körper-Know-how für die Stimme, für Deine Präsenz und Ausstrahlung und Übungen für Selbstvertrauen, Größe und elegante Souveränität auf Deinen Bühnen.

SPEAKING IS A JOURNEY.

TO YOURSELF.

TO YOUR STORY.

TO YOUR STAGE.

TO YOURSELF.
Du bist, wer Du bist.

Selbstwert, Selbstbewusstsein und Selbstvertrauen sind die Bühnenbretter, die das Fundament all Deiner Bühnen tragen. Der Bühnenboden, auf dem Du stehst, ist der Wert, den Du Dir selbst gibst, unabhängig davon, was andere von Dir halten. Was Dich dort aufrecht stehen lässt, sind das Bewusstsein dafür, wer Du bist und was Du alles in Dir hast. Denn nur so kannst Du Dich, wie Du bist, zum Ausdruck bringen, und das Vertrauen in all Deine damit verbundenen Ressourcen und Fähigkeiten haben.

Im Abschnitt TO YOURSELF, dem Schritt zu Dir selbst, knüpfen wir uns die Hürden und Hindernisse vor, die ich bei uns Frauen, also auch mir selbst, erlebe, all die inneren Zweifel und die äußeren Widerstände. Wir stellen uns den Untiefen, die uns immer wieder vom Rampenlicht und dessen Exponiertheit abhalten. Wir erkennen, dass wir groß sein dürfen und damit automatisch auch anderen ihre Größe zugestehen. Wir befreien uns von den Schablonen, denen wir vermeintlich entsprechen sollen, und entdecken Authentizität als autobiografischen Befreiungsschlag. Wir räumen mit irreführenden Rollenbildern auf und mit dem Druck der Perfektion, um uns zeigen zu können. Wir durchleuchten die vielen Gesichter unserer Angst und entwickeln den Mut, uns so zu zeigen, wie wir sind. Wir fühlen uns sicher und souverän, denn wir wissen, wie wir Ängste, Selbstzweifel und Lampenfieber im richtigen Moment zur Seite schieben können.

In diesem Reiseabschnitt bauen wir auf Schwesternschaft und Seilschaft. Und weil wir uns gegenseitig guttun können und das nicht allein durchziehen müssen, findest Du im Abschnitt TO YOURSELF an jedem Kapitelende eine **Einladung zum Rampenfrauen-Ehrenwort.** Habe ich Dein Ehrenwort, dass wir das gemeinsam angehen? Ich gebe Dir hiermit meines, meinen Beitrag dafür zu leisten, dass es mehr Frauen auf den Bühnen dieser Welt gibt – vor allem, indem ich es auch selbst trotz Bühnenangst immer wieder wage, Raum im Rampenlicht einzunehmen.

TO YOUR STORY.
Du sagst, was du wirklich sagen willst.

Es ist ein wahrer Bühnen-Booster für Dich, Klarheit darüber zu haben, wofür Du stehst und was Du sagen möchtest und den roten Faden dabei in der Hand zu haben. Im Abschnitt TO YOUR STORY lernst Du, Dich im Flow kreativen Schaffens zu entspannen und packst Deinen Reisekoffer mit all Deinen Erfahrungen, Erkenntnissen und Einblicken als Fundus Deiner Expertise. Du lernst einen neuen G-Punkt kennen – die Kraft der Geschichten statt der Unart der G'scheitheiten, des künstlichen Gescheit-Tuns. Du gehst in den Schuhen Deiner Zuhörerinnen, um ihre Blickwinkel besser kennenzulernen und auch Deine zu erweitern. Du holst sie dort ab, wo sie gerade stehen, und nimmst für sie das mit, was sie brauchen, damit sie sich Deinem Bühnenziel anschließen. Du hast den roten Faden und drei glasklare Kernbotschaften in der Hand und weißt, was Du für einen stimmungsvollen Beginn und einen coolen Abgang sagen kannst. Deinen Koffer mit all Deinem Wissens- und Erfahrungsschatz, mit allem, was Du brauchst, hast Du dabei immer bei Dir.

TO YOUR STAGE.
Auf allen Bühnen Deines Lebens.

In TO YOUR STAGE, der Zuspitzung ins Spotlight, geht es nicht, wie Du vielleicht denkst, um das Verlassen der Komfortzone, sondern um deren Erweiterung. „Bühne“ muss nicht unbedingt bedeuten, exponiert und dem Cäsardaumen des Publikums ausgeliefert zu sein. Vielmehr nützt Du sie als eine Möglichkeit für eine achtsame Verbindung mit Dir selbst und Deinen Zuhörerinnen. Du ruhst auch im Rampenlicht in Dir und bleibst bei Dir, bist verwurzelt und standfest und gleichzeitig verbunden im Flow mit Deinen Zuhörerinnen. Du weißt, wie Du Raum einnimmst und du integrierst kritische Kommentare elegant und souverän in Dein Bühnenspiel. Du sprichst aus Deiner Mitte, Deine PowerPoint-Folien, Deine Kleidung, Deine Haltung verkörpern kongruent Deine Botschaft. Du bist die Botschaft und nichts kann Dich dabei umhauen. Du wirst gehört, vor allem aber sorgst Du für Dich selbst, denn: „It's not about the talk of your life. It's about the time of your life", habe ich den damaligen TEDx-Ambassador Niki Ernst immer wieder sagen hören. Die Bühne gehört Dir!

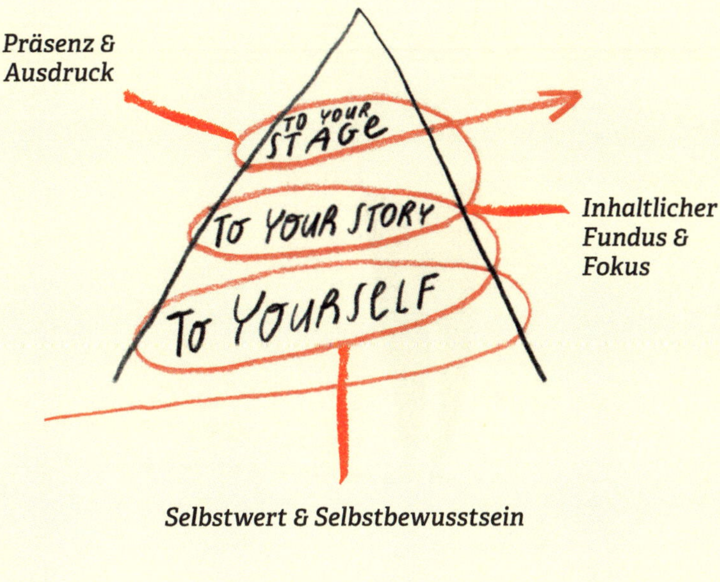

ANFRAGE FÜR FRAU
WERTE FRAU,
WIR LADEN SIE ALS VORTRAGENDE ZUM ... EIN.
BITTE GEBEN SIE UNS BESCHEID, OB SIE DEN TERMIN WAHRNEHMEN MÖCHTEN.
ANDERE KÖNNEN DAS BESSER
... SIE DENKEN, ICH KENN MICH NICHT AUS?
WAS WENN...
VOR MENSCHEN SPRECHEN
... ICH MICH VOLL BLAMIERE
... ICH EIN BLACKOUT HABE/ STERBE?
... ICH WIEDER SO NERVÖS BIN?
DIE VIELEN BLICKE AUF MICH
... & ZU VIEL SCHWAFLE
ALBTRAUM
FRAGEN, DIE ICH NICHT BEANTWORTEN KANN?
ICH KANN DAS NOCH NICHT GUT GENUG
IM DUNSTKREIS DER SELBSTZWEIFEL

BIN ICH GUT GENUG?
5
ICH EMPFEHLE LIEBER EINEN KOLLEGEN...
6
SPEAKING JOURNEY
WÄR DOCH SCHADE...
... KOMM DOCH MIT.
8
ARCHIV DES NICHT-GEWAGTEN
(FRAUEN)
7
KATHUSCHKA '22

II.

To yourself

Du bist, wer Du bist.

DER SCHRITT AUF DIE INNERE BÜHNE

Die Art, wie wir uns selbst wahrnehmen, wie wir uns sehen, wie wir zu uns stehen und mit uns selbst umgehen, zeigt sich unmittelbar in unserem Selbstausdruck: in unserer Körperhaltung, unserem Gesichtsausdruck, in unserer Stimme und Stimmlage sowie auch in unserer Wortwahl. Die Art, wie wir mit anderen kommunizieren, zeigt auch, wie wir mit uns selbst kommunizieren: Innere Überzeugungen, Bilder und Glaubenssätze bahnen sich immer wieder den Weg in den (non-)verbalen Ausdruck auf den vielen Bühnen Deines Lebens. Es lohnt sich daher, den ersten Schritt nicht raus und rauf in Richtung Bühne, sondern vielmehr rein und runter zu Dir selbst zu machen, um zu schauen, was dort vor sich geht und unmittelbaren Einfluss auf Dich und Deine Bühnen nimmt. Wenn Du Dich auf Deiner inneren Bühne groß, echt und frei fühlst, kommt das auch auf jeder äußeren Bühne zum Ausdruck.

Leider liegt zwischen uns und unseren Bühnen, zwischen uns und unseren Idealvorstellungen von uns selbst, zwischen uns und dem Bild, das wir gerne abgeben möchten, oft ein dunkler Orchestergraben. Da trällert ein Chor an inneren Kritikerinnen das Lied vom Tod auf der Bühne und hält uns mit oft ebenso großer Theatralik davon ab, erhobenen Hauptes aus der Dunkelheit der Unsichtbarkeit ins Rampenlicht zu steigen. Gemeinsam stellen wir uns nun dieser Untiefe und dem, was Dich davon abhält, Dich so zu zeigen, wie Du jetzt bist.

Erforschen wir gemeinsam, welche Hindernisse in diesem Orchestergraben lauern: Generationenlang tradierte Rollenbilder, kulturelle Normen und Verhaltenscodes erzählen davon, dass Du als Frau lieber ruhig und zurückhaltend im Hintergrund agieren sollst, um zu gefallen. Perfektionierte Idealbilder legen uns menschlich unerreichbare Maßstäbe vor; tiefliegende Ängste und damit verbundene biologische Reaktionsmechanismen weisen uns in unsere Schranken, um uns vor Situationen in der Exponiertheit zu schützen. Du hast es also mit gewaltigen Kräften zu tun, wenn Du Dich auf den Weg Richtung Bühne machst. Damit möchte ich Dich keinesfalls entmutigen, sondern vermeiden, dass Du Dir selbst Unvermögen vorwirfst, ohne die Kräfte, gegen die Du ankämpfst, zu kennen. Ich möchte Dich daran erinnern, dass Du in all dem nicht allein bist, sondern Teil einer großen gemeinsamen Mission.

Der Schritt TO YOURSELF macht Dich innerlich **stark und standfest**, um Dich diesen Kräften zu widersetzen, und lässt Dich entspannt und gelassen auf Deinen Bühnen stehen. Es geht nicht darum, dass Du auf Deiner Bühne eine bella figura machst, sondern dass Du gut zu Dir bist, dass Du sowohl vor als auch auf der Bühne eine gute Zeit hast.

DIE INNERE BÜHNE GEHÖRT DIR – UND NUR DIR!

Ich möchte mit Dir die häufigsten Stolpersteine aus dem Weg räumen, die vielleicht auch Dich beim Schritt ins Rampenlicht abhalten oder zögern lassen, Du selbst zu bleiben und es zu genießen. Wir knüpfen uns daher vier Klassiker vor:

- **Groß statt klein.** Du machst Dich nicht mehr selbst klein und stellst Dein Licht nicht mehr unter den Scheffel. Du nimmst Raum und Größe ein.
- **Von innen entfalten statt nach außen entsprechen.** Du befreist Dich von der Everybody's-Darling-Nummer, dem Druck des Entsprechen-Müssens, den vielen Masken der Perfektion und des Gefallen-Wollens und lässt der Kraft Deiner Authentizität freien Lauf.
- **Fürsorglich und gut zu sich selbst statt selbstoptimiert und gestresst.** Du wirst Dir bewusst, dass Du Dich nicht noch weiter optimieren musst, um gut genug für Deine Bühnen zu sein. Du weißt, wie Du für Dich sorgst, damit es Dir bei Deinen Abenteuern im Rampenlicht gut geht.
- **Mutig vorne statt ängstlich hinten.** Du erkennst die verheerende Kraft der Angst und die Mittel, mit denen sie Dich zurückhalten will. Du lernst, wie Du sie in Zaum hältst, statt Dich von ihr im Zaum halten zu lassen. Du setzt mutig einen Schritt vor den anderen – trotz der weichen Knie.

GROSS, NICHT KLEIN

Meine Schwester und ich waren im Alter von 24 Jahren wild und frei mit dem Rucksack in Indien unterwegs. Ich trug an einem Tag ein rotes T-Shirt. Mitten im lauten Treiben der indischen Großstadt kam ein Mann auf mich zu und sagte aus dem Nichts heraus: „You are wearing red. You must feel strong today." Im ersten Moment hatte ich keine Ahnung, worauf er hinauswollte, aber auf mein verwundertes Nachfragen hin wurde mir klar: Rot ist eine Signalfarbe. Wenn wir Rot tragen, ziehen wir die Aufmerksamkeit auf uns – das aber ist nicht immer leicht und braucht Kraft, um mit Aufmerksamkeit umzugehen.

Für die Women on Stage!-Gründung kaufte ich mir ein rotes Kleid. Ich war mir nicht sicher, ob ich mich trauen und ob ich mich wohlfühlen würde in dieser roten Bombe von einem Kleid – wenngleich es Freunde liebevoll für mich gestrickt hatten. Viel, laut, voll da. Dieser Blickfang macht mich innerlich schüchtern. So viel visuelle Aufmerksamkeit fühlt sich verletzlich an, denn ich zeige Größe, nehme Raum ein. **Das Rampenlicht vs. die Sicherheit im Schatten der Unauffälligkeit.** Wissen wir es aber nicht eigentlich besser? Dass genau das die zentralen Zutaten erfolgreicher Bühnenpräsenz sind? Wir dürfen groß, viel und voll da sein! Wir sollen groß, viel und voll da sein! Was aber hält uns davon ab?

Wann machst Du Dich klein?
Wann bist Du groß und Du selbst?

Kennst Du als Frau auch dieses Gefühl, nicht zu viel sein zu wollen, nicht zu viel Gewicht zu haben, nicht zu viel Raum einzunehmen? Lieber zurückhaltend, klein, zart, brav und süß. Ich spüre diesen subtilen Imperativ seit Mädchentagen in den unterschiedlichsten Facetten und Nuancen. Meist ist er so subtil, dass ich ihn nicht ansprechen könnte, aber dennoch hat er eine Kraft, der ich oft nicht „Herrin" geworden bin. Da ist beispielsweise diese Angst, dass ich mich unbeliebt machen würde, wenn ich mich zu sehr in den Vordergrund rücke; diese Angst, dass ich jemand anderen dadurch in den Schatten stellen könnte; Angst, dass sich jemand anderer dadurch schlecht fühlt; Angst, dass ich unbemerkt zu viel Raum einnehme; dass ich angeberisch wirke; dass andere denken, ich würde mich für etwas Besseres halten. Meine tägliche Arbeit hat mir gezeigt, dass ich damit (leider) nicht allein bin. Zu oft erlebe ich, wie Frauen sich kleinmachen, um anderen ein gutes Gefühl zu geben, um bloß niemanden in den Schatten zu stellen. Zu oft sehe ich, wie großartige Frauen innerlich schrumpfen, weil sie andere toller finden als sich selbst und diese auf ein erhöhtes Podest stellen. Werden wir uns also der kollektiven und individuellen Hürden bewusst, die Dich davon abhalten, groß, viel, voll da, voll Du zu sein. Werden wir uns bewusst, wann und wo, mit welchen Menschen und in welchen Situationen wir innerlich klein werden, statt groß und ganz zu bleiben und zu sagen, was wir wirklich sagen wollen. So kannst Du Deine individuelle Strategie gegen diese **Schrumpfen-&-Schweigen-Dynamik** entwickeln und in Zukunft den geraden Weg in Richtung Bühne gehen.

Ich hätte sie damals dringend gebraucht, Mitte Zwanzig, im Dachgeschossgefängnis der schicken Wiener Rechtsanwaltskanzlei. Im Vorstellungsgespräch klang alles toll, mich lockte ein eigenes Büro mit direktem Blick auf die Secession und das damit verbundene Gefühl, in der urbanen Freiheit und Selbstbestimmung angekommen zu sein. Der erste richtige unbefristete Job war eine coole und erhöhende Sache – bis ich begriff, was wirklich abging: „Wir sind groß und toll und Du bist klein und kannst froh sein, dass Du hier arbeiten darfst", schallte es durch die imposanten Hallen. Während die Secession vor meiner Nase für Freiheit und Entfaltung stand, waren meine Converse zum einengenden Korsett-Kostümchen das einzig Freie an mir – bis man mir letztlich ausrichten ließ, dass solche Schuhe nicht angebracht seien. Ziemlich zeitnah wurde ich zur Miniaturversion meiner selbst, als ein rot kochender Seniorkopf mich in den Besprechungssaal zitierte, neben ihm ein mich gleichermaßen gestresst anstarrender Juniorpartner. Es folgte eine mir damals endlos erscheinende wütende Schreiattacke über meine Rechercheergebnisse in den sehr spezifischen Untiefen des mir völlig fremden Arzneimittelrechts. Später fand ich heraus, dass meine Ergebnisse zwar richtig waren, ihm aber nun mal nicht gefielen. In meinem Büro schossen mir dann die Tränen in die Augen.

Auch viele Jahre später fielen mir noch unzählige Möglichkeiten ein, wie ich hätte reagieren können, was ich hätte sagen können, wie ich einen heldenhaften Abgang hätte machen können, wie ich für meine eigene Größe und Gerechtigkeit hätte einstehen können. Bis heute verstehe ich nicht, warum ich mich noch ein ganzes Jahr lang diesem Du-bist-klein-und-wir-sind-groß-Gefüge untergeordnet habe. Aber: Wie schaut das denn im Lebenslauf aus, man muss doch durchhalten, etwas aushalten und sich anpassen, dankbar für eine gute Stelle sein. Ich weiß, dass ähnliche Geschichten in vielen Frauen wohnen. Daher möchte ich, dass wir uns gemeinsam groß und stark machen, und wenn uns noch so viele gesellschaftliche Gefälle vom Gegenteil überzeugen wollen.

MEHR GEWICHT AUF UNSERE WAAGEN

Frauen haben ein gewaltiges geschichtliches Erbe im Gepäck, das die Einnahme von großem Raum auf gesellschaftlichen Bühnen nicht gerade erleichtert. Nennen wir es das Phänomen ihrer Domestizierung und Zähmung, das zeitlich weit hinter den ikonenhaften Gehorsamkeitskult der 1960er-Jahre-Hausfrau zurückreicht. Es ist eine kollektive Geschichte von Korsetten, Käfigen und Käseglocken. Die ideale Frau gegen Ende des 17. Jahrhunderts war „passiv, fügsam, sparsam, wortkarg, stets beschäftigt, diszipliniert und keusch", schreibt Soziologin Franziska Schutzbach.[4] Das sitzt anscheinend tief in uns: Dreihundert Jahre später wird ein erfolgreicher Mann sowohl

> **Sei wie das Veilchen im Moose,**
> **sittsam bescheiden und rein.**
> **und nicht wie die stolze Rose,**
> **die immer bewundert will sein.**
> *Poesiealbumspruch*

4 Franziska Schutzbach (2021). Die Erschöpfung der Frauen. München: Droemer, S. 146.

von Männern als auch von Frauen als attraktiv und sympathisch wahrgenommen, während eine erfolgreiche Frau (auch unter Frauen!) als unsympathisch oder zumindest verdächtig gilt.[5]

In *Fuck Beauty!* entlarvt Nunu Kaller die Wechselwirkung zwischen der Fixierung von Frauen auf einen dünnen Körper mit dem patriarchalen Narrativ, dass Frauen in der Gesellschaft nicht zu viel Raum einnehmen dürfen.[6] **Ist der individuelle Druck zur strengen Selbstkontrolle, der Druck, nicht zu viel Gewicht auf die Waage zu bringen, etwa Teil eines gesamtgesellschaftlichen Phänomens?** Darf eine Frau nicht zu viel Gewicht auf der gesellschaftlichen Waage haben, damit die patriarchale Balance gewahrt wird? So viel zum revolutionären Hintergedanken, ein Gleichgewicht zwischen Mann und Frau auf dieser Waage und auf Bühnen für eine ausbalancierte Gesellschaft zu schaffen. Note to Self: Für Deine Bühnen darfst Du nicht nur Gewicht haben; Du **sollst** Gewicht haben. In der Rampenfrauenvision breitest Du Dich aus, nimmst Raum ein, zeigst Dich, bist dabei groß und ganz – ganz Du selbst!

Es macht mich betroffen, Frauen zu sehen, die einen Großteil ihrer Ressourcen, ihres Geldes, ihrer Zeit, ihrer Fähigkeiten in ihr Aussehen investieren, um zu gefallen – eine zeitlose Spielart alter Abhängigkeiten von Gefallen und Gutgeheißen-Werden. Schutzbach reflektiert: „Wenn Frauen sich obsessiv mit ihrem Äußeren beschäftigen, raubt ihnen das die Energie für anderes. Wenn Frauen ihre Identität auf ‚Schönheit' gründen (und nicht auf beruflichen Erfolg oder politische Teilhabe), dann ist ihr

5 Madeline E. Heilmann et al. (1995). Sex Stereotypes: Do They Influence Perceptions of Managers? Journal of Social Behavior and Personality 10 (6); zitiert in Rebekka Reinhard (2015). Kleine Philosophie der Macht (nur für Frauen). München: Ludwig, S. 136.

6 Nunu Kaller (2018). Fuck Beauty! Köln: Kiepenheuer & Witsch, S. 195.

Selbstwert von äußerer Anerkennung abhängig, und sie bleiben auf die Arbeit am Körper und dessen Optimierung fokussiert."[7] Es ist eine traurige Erkenntnis, wie viele von uns in dem gelernten System feststecken, in dem Frauen nach ihrer Optik bewertet werden, so auch Kaller.[8] Die Fixierung darauf, wie sie aussehen und bestmöglich aktuell gültigen Idealen entsprechen, ist eine nicht nur fremdgesteuerte, sondern auch kontraproduktive Spielart, mit der Frauen sich schlussendlich auf dem Weg in authentische Sichtbarkeit selbst kleinhalten. Bedenkt man, dass Schönsein in der Vergangenheit für Frauen oft die einzige Möglichkeit zur Verbesserung des eigenen sozialen Standes war, ist dieser Fokus wenig verwunderlich. Um von einem sozial höher gestellten Mann geheiratet und somit in höhere Ebenen gehoben zu werden, musste eine Frau vor allem eins sein: schön und sittsam.

GROSS WERDEN OHNE PRINZ AUF WEISSEM PFERD

Damit Dich nicht das gleiche langweilige Schicksal ereilt, möchte ich Dich bitten, dass wir gemeinsam dieses veraltete Märchennarrativ vom Prinzen auf dem weißen Pferd hinter uns lassen. Wir leben im 21. Jahrhundert!

> **Ich wünsche für die Frauen keine Macht über Männer, aber die Macht über sich selbst.**
> *Mary Wollstonecraft*

Du ermächtigst Dich selbst, indem Du Dir die Kraft zum Handeln gibst. Du machst Dich frei davon, ob Dir jemand den Arm von oben entgegenstreckt, um Dich auf die Bühne zu heben, denn Du springst selbst – wenngleich die weichen Knie dabei gelegentlich wund

---

7 Schutzbach (2021), S. 145.

8 Kaller (2018), S. 152.

werden, aber das haben wir als kleine Mädchen ja auch schon gemeistert.

Unsere Welt braucht Frauen, die ihr Leben auf ihre Art leben, die ohne eine Erlaubnis, Erklärung oder Rechtfertigung sagen, was sie zu sagen haben. Selbstermächtigung heißt „selbst machen", also sich selbst diese Macht geben. Das Wort „Macht" leitet sich vom altgotischen „magan" für „machen" oder „können" ab. „Macht ist das Vermögen, das Können eines Menschen: die Potenz (von lateinisch potentia), die seinen Potenzialen innewohnt", legt die Philosophin Rebekka Reinhard in *Kleine Philosophie der Macht (nur für Frauen)* dar.[9] Macht sei die Fähigkeit, Einfluss zu nehmen, etwas bewirken zu können, und sie entstehe durch das Handeln, das Mundaufmachen, das Artikulieren und Kommunizieren. Dabei seien wir nur so mächtig, wie es die Beziehung zu uns selbst zulasse und wie sehr wir uns von der Zustimmung anderer unabhängig machten, so Reinhard. Wenn Du Dich von der altvertrauten Abhängigkeitsspielart befreien willst, die uns seit jeher kleinhält, Dir also selbst Macht und Kraft geben willst, um etwas zu bewirken, dann warte nicht darauf, dass Dich jemand anderer gutheißt und Dir „von oben" die Hand entgegenstreckt. Machen wir uns frei davon und pfeifen auf diese zur Erhöhung einladende Instanz am edlen Ross! Auf welche Einladungen, Erlaubnisse wartest Du (unbewusst), um das zu machen, was Du wirklich machen willst? Komm, lass uns lieber Pferde stehlen gehen! Du wartest nicht auf Deinen Dir zugewiesenen Platz, sondern nimmst Dir Deine Bühnen und machst sie Dir widdewidde, wie sie Dir gefallen. Sei dort groß und viel. Wenn Du jetzt denkst, dass Du nicht ganz so groß, sondern doch lieber kleiner

> **Power is not given, it is taken. Attention is not given, it is taken.**
> *Viv Groskop*

9 Rebekka Reinhard (2015). Kleine Philosophie der Macht (nur für Frauen). München: Ludwig, S. 13.

anfangen willst: Dann sag bei der nächsten offensichtlichen Gelegenheit bitte zumindest „Ja“, wenn Du auf eine Bühne geladen wirst.

DEINE GRÖSSE AUF DEINEN BÜHNEN

Ich möchte Dich dazu animieren, Dich in Deiner vollen Größe zu zeigen, Raum einzunehmen und Dein Licht strahlen zu lassen. Versteck Dich nicht länger in der Komfortzone der Unauffälligkeit. Wenn Du Dich Deine Größe leben lässt, lädtst Du damit indirekt auch andere ein und animierst sie dazu, ihre Größe zu leben und zu zeigen. Du bist nicht liebenswerter, nur weil Du bescheiden, zurückhaltend und unauffällig im Hintergrund bleibst. Du darfst nicht nur, Du sollst groß und sichtbar sein.

> **Unsere tiefste Angst ist nicht, dass wir unzulänglich sind. Unsere tiefste Angst ist, dass wir unermesslich machtvoll sind. Wir fürchten unser Licht, nicht unsere Dunkelheit.**
> ***Marianne Williamson***
> *(Bekannt aus Nelson Mandelas Rede zum Antritt seiner Präsidentschaft)*

Rampenfrauen-EHRENWORT GEMEINSAM GROSS

In meiner Rampenfrauenvision ermutigen und bestärken wir einander, groß zu sein und Raum einzunehmen. Wir halten es aus, wenn eine andere in einer Sache vielleicht besser ist, mehr Raum cinnimmt und größer ist als wir selbst. Da Mädchen viel mehr in Gruppen als im unmittelbaren Wettbewerb zueinander spielten, hätten Frauen im Vergleich zu Männern im Kindesalter kaum den spielerischen Umgang mit Konkurrenzsituationen gelernt. Genau das sollte Konkurrenz aber auch sein: ein Spiel –

ein schwesterliches Spiel, schreibt Hanna Herbst in *Feministin sagt man nicht*:
„Wenn die eine schnell rennt, muss ich ihr kein Bein stellen, um ans Ziel zu kommen, ich muss versuchen, schneller zu rennen oder eine andere Route zu finden. Und ich kann zugleich sogar beeindruckt und respektvoll sein, wie schnell die andere rennen kann."[10]

Sie trifft es weiter auf den Punkt: „Solidarität und Konkurrenz schließen sich gegenseitig nicht aus."[11] Bei Männern werde Konkurrenz als produktiv und anspornend gesehen, konkurrierende Frauen hingegen als zickig, bissig, eiskalt wahrgenommen. Wir Frauen dürfen lernen, spielerisch und schwesterlich miteinander zu konkurrieren, dabei gemeinsam groß zu bleiben und uns nicht von Neid schrumpfen zu lassen. „Man ist nur neidisch auf die, die bereits tun, wozu sie bestimmt sind. Neid ist ein rot blinkender Neonpfeil, der uns die Richtung auf das weist, was als Nächstes zu tun ist", so definiert es Glennon Doyle in *Ungezähmt*.[12]

Als unzufriedene Rechtsanwältin war ich neidisch auf Menschen, die glücklich in ihrem Beruf waren, die zufrieden ihre Fähigkeiten und Talente beruflich zum Ausdruck brachten. Ich war neidisch auf selbstbewusste Frauen, die ihr Ding machten und auf Bühnen strahlten. Ich war neidisch auf Frauen, die Bücher schrieben.

Es brennt innerlich, andere bei ihrem Handeln zu beobachten, von dem man weiß, dass man es auch könnte, wenn man nur mutig genug für den Versuch wäre. Neid ist laut Reinhard ein reaktives Gefühl der Ohnmacht, Ohnmacht durch Außenlenkung gegenüber denen, die uns die eigene Un-

---

10 Hanna Herbst (2018). Feministin sagt man nicht. Wien: Brandstätter, S. 42.

11 Ebd., S. 41.

12 Glennon Doyle (2021). Ungezähmt – Das Journal, Rowohlt, S. 76.

zulänglichkeit spiegeln.[13] Neid macht uns klein und verleitet zu niederträchtigen Abhilfestrategien wie der Lästerei, Kritik, Kleinmacherei, einem Aufbau von Widerstand. Neid führt zum Fall in die tief unten gelegenen, dunklen Schubladen, obwohl wir doch nach oben ins Licht wollen. Ich teile Doyles Wahrnehmung, dass wir besonders auf Menschen neidisch sind, die bereits machen, was sie machen wollen, die bereits ihres gefunden haben, und je mehr wir selbst das machen, was wir machen wollen, desto weniger stößt uns die Bitterkeit des Neides auf. Was hältst Du davon, ab heute dem guten alten Neid diese bittere, toxische Wirkung auf das Zwischenmenschliche zu nehmen? Entmachten wir ihn und ermächtigen uns im Gegenzug, ihn als Botschaft und Hinweisschild für das anzunehmen, wo wir unsere eigene Größe leben und freilassen wollen.

Danke Neid, jetzt weiß ich, dass ich meine Fähigkeiten beruflich ausleben, dass ich mein Ding machen und auf Bühnen strahlen, dass ich Bücher schreiben werde. Je mehr ich dies wage, desto großzügiger reagiere ich auf Menschen, die das tun, was sie gerne tun, und damit glücklich sind. Gönnen wir uns doch unsere Größe und unsere Macht – uns selbst und einander. Früher mussten wir es durch ein enges patriarchales Nadelöhr schaffen. Kein Wunder, dass wir bissig wurden. Heute jedoch ist der Bogen schon offener. Es ist genug Platz für alle da – und es braucht uns schließlich gemeinsam für die Balance auf der gesellschaftlichen Waage – als Schwestern statt als Stuten.

---

13 Reinhard (2015), S. 41.

DU IN DEINER GRÖSSE

Größe ist Macht. Macht ist Größe. Ein guter und einfacher Weg, um sich selbst groß sein zu lassen, sich selbst zu ermächtigen, ist das Aufrichten, die Einnahme von Raum im eigenen Körper. Körperliches Aufrichten sorgt für innere Aufrichtung.

DU IN DER GRÖSSE.

DIE GRÖSSE IN DIR.

Deine Körperhaltung steht in unmittelbarer Wechselwirkung zu Deiner inneren Haltung: Je größer Du äußerlich wirst, desto größer wirst Du innerlich – und vice versa.[14] Kennst Du Amy Cuddys viel diskutierten TED-Talk „Your Body Language May Shape Who You Are"? Cuddy animiert dazu, sogenannte „Power Postures", also Machtposen einzunehmen und will zeigen, wie sehr eine expansive Körperhaltung, die Vereinnahmung von mehr Raum, Menschen sich tatsächlich stärker fühlen lässt.

Probiere es doch für Dich selbst aus! Steh auf und lass die Schultern hängen, stell ein Bein quer über das andere, stecke die Hände in die Hosentaschen, kauere Dich stehend zusammen. Wie fühlst Du Dich? Merkst Du, wie Du auch innerlich schrumpfst? Jetzt richte Dich auf, stehe mit beiden Beinen hüftbreit fest am Boden verankert, lasse die Schultern nach hinten weich werden, halte Deinen Kopf gerade, atme in Deinen Bauch und Brustkorb, hebe und strecke bei der nächsten

14 Stefan Verra (2015). Hey, Dein Körper spricht! Worum es bei Körpersprache wirklich geht. Hamburg: Edel, S. 116.

Einatmung Deine Arme nach oben und außen, und wachse wie ein Baum in seine Krone. Behalte diese Pose ein paar Sekunden lang bei und nimm den Unterschied wahr – in Hinblick auf Deine Größe, Dein Selbstbewusstsein und Deine Sichtbarkeit. Aktiviere Dein Selbstbewusstsein und Deine Fähigkeit, Raum einzunehmen, in dem Du Dich in körperliche Situationen begibst, in denen Dein Körper Raum einnehmen, in denen er groß sein und sich ausweiten kann. So entwickelst Du ein gutes Gefühl und schöne Assoziationen damit, viel, groß und voll da zu sein. Ich selbst strecke gerne beim Laufen mal die Arme links und rechts aus wie eine Marathonläuferin im Zieleinlauf, und fühle mich dabei, als sei ich Teil von etwas Größerem.

Es ist in diesem Kontext übrigens spannend, dass Mädchen im Vergleich zu Jungs in ihrer Kindheit oft weniger lernen, körperlich Raum einzunehmen. Stereotypische Jungsaktivitäten wie Fußball, Raufen, im Freien laufen und wild sein sind welche, bei denen sie indirekt auch lernen, Raum einzunehmen. Stereotypische Mädchenaktivitäten wie das Puppenspiel, die Bastelei, Tierpflege gehen mit wenig Raum einher.

Was machst Du bereits gerne, bei dem Du körperlich Raum einnimmst? Tanzen, Yoga, Dich durch die freie Natur bewegen? Wo, wann und wie breitest Du Deine Flügel aus?

Ich animiere die Frauen in meinen Coachings und Workshops oft mit dem Spruch „Let it hang!“ dazu, bewusst einen weichen entspannten Bauch zuzulassen, es nicht zusammenzuhalten, Kontrolle und Enge loszulassen, innerlich über den engen Hosenknopf zu wachsen und zuallererst eine Verbindung zu sich selbst zu spüren. Weite statt Enge. Freiheit statt Kontrolle.

Groß statt klein. „Let it hang!“, sage ich jetzt auch zu Dir und lade Dich ein, genau jetzt tief ein- und auszuatmen, Deinem Bauch Weite und Freiheit zu gönnen. Schau für einen Moment aus diesem entspannten Bauch auf die Welt anstatt durch die strengen Augen. Ein verschmitztes Lächeln kann in diesem Moment auch nicht schaden. Ein kleiner, kraftvoller Befreiungsschlag, den Du in Deinen Alltag leicht einbauen kannst. Besonders zu empfehlen während testosterongeladener Meetings und brustklopfenden Primaten-Wortgefechten. Du Tarzan, ich entspannte Jane! Ein klein wenig Revolution im Innen für Kraft und Gelassenheit im Außen.

GROSS & GANZ IN DEINER SPRACHE

So wie Dein Körper ist auch Deine Sprache eine Ausdrucksform Deiner Innenwelt und bringt zum Ausdruck, wie groß oder klein Du Dich selbst wahrnimmst.

Eine kurze Geschichte aus meinen Coachings: Ich begleitete eine beeindruckende Frau bei ihrem Bewerbungsprozess auf ihre absolute Traum-Führungsposition. In ihrem Lebenslauf stand bei der Aufzählung von Aufgaben einer früheren Stelle unter anderem „Absprache mit Shuttlebussen“. Auf meine Nachfrage hin erfuhr ich, dass bei ihr alle logistischen Fäden zusammenliefen und sie die gesamte Logistik eines Großprojektes verantwortet hatte. Doch da stand tatsächlich nur „Absprache mit Shuttlebussen“. In ihrer Selbstwahrnehmung waren es nur Telefonate zur Koordination und Sicherstellung, dass alles nach Plan verlief. Dabei war sie doch die Logistikverantwortliche (verdammt nochmal!) gewesen. (Sie hat sich ihren Traumjob übrigens souverän geholt ...)

Siehst Du, was ich meine? Es liegt an Dir und Deiner Selbstwahrnehmung, inwiefern Du Dich und Deine Rolle in der Dimension des größeren Zusammenhangs erkennst. Nach all dem, was ich hier angeführt habe, hoffe ich, dass es Dir nicht unangenehm ist, zu zeigen, wer Du bist, was Du weißt, was Du draufhast.

Wenn ich mich in Workshops mit den Teilnehmerinnen darüber austausche, welche Bühnen im Alltag die schwierigsten sind, so findet sich oft ein gemeinsamer wunder Punkt, eine gemeinsame wunde Bühne: dann, wenn wir über uns selbst sprechen müssen. Den meisten fällt es leichter, über Fachliches, über etwas „außerhalb von ihnen selbst" zu sprechen als über sich selbst, die eigenen Kompetenzen und Interessen. Viele wurden seit jeher kleingehalten, wenn es darum ging, positiv über sich selbst zu reden. Hat es vielleicht damit zu tun, dass es auf Bühnen öfter „die" Moderatorin und „den" Experten zu sehen gibt als umgekehrt?

SPIEL MIT DEINER KOMPETENZ
EINLADUNG ZUR KOMPETENZKOKETTERIE

Darf ich Dich dazu einladen, mit mir „Kompetenzkoketterie" zu spielen? Ein Spiel, das immer wieder Spaß macht und herrlich situationskomisch ist, weil es uns vor Augen führt, wie zurückhaltend wir mit unserer eigenen Kompetenz und Expertise sind. Dafür stellst Du Dich entweder vor einen Spiegel oder vor eine Freundin, Schwester, Kollegin oder, wenn Du mutig bist, gleich vor mehrere. Du nimmst die Haltung des stolzen kleinen Mädchens in Dir ein, das strahlend erzählt, was sie alles kann. Du setzt Dein verschmitztes, kokettes Lächeln auf und schiebst abwechselnd die linke und rechte Schulter nach vorne. Im Rhythmus dieser tanzenden Schultern zählst Du nun all Dein Können und Wissen auf. Du bekommst umso mehr Punkte, je weniger zurückhaltend und bescheiden Du bist und je größer Deine Ansagen sind. **Lass es raus! Du bist groß und vollkommen Du selbst!**

AUTHENTISCH, NICHT PERFEKT

Du nimmst nun Raum ein, bist groß im Rampenlicht sichtbar. Erlaubst Du Dir diese Sichtbarkeit nur, wenn Du Dich und alles rund um Dich bis ins kleinste Detail vorab perfektioniert und unter Kontrolle gebracht hast? Oder bist Du bereit für das Abenteuer der Authentizität? Oft gehen wir unbewusst davon aus, dass wir uns im Rampenlicht verstellen müssen, dass wir gescheiter, kompetenter, professioneller (steifer) als sonst wirken müssen.

Zeigst Du Dich erst, wenn alles perfekt ist? Wann verstellt Dir Dein eigener Perfektionismus den Weg ins Rampenlicht? Wann bist Du dort Du selbst?

Ich möchte Dich hiermit vom Druck dieses Perfektionismus befreien und Dich vor Deinen überzogenen Erwartungen und vor den außengelenkten Bewertungssystemen schützen. Eines vorweg: Authentizität ist kein weiteres To-do auf der Selbstoptimierungsliste, sondern Dein Befreiungsschlag. Du besitzt dafür bereits alles Nötige. Du kannst Dich also zurücklehnen und entspannen – was übrigens viel mehr mit Empowerment zu tun hat als der Modus der braven Arbeitsbiene.

SUSI, JULIA ODER ICH SELBST?

Siehst Du auch oft mehr Kopien als Originale, wenn Du Dich umschaust? Von vielen Bühnen, Bildern und Bildschirmen schauen uns perfektioniert ausgefüllte Schablonen gesellschaftlich festgelegter Idealvorstellungen entgegen und nur wenige authentische, greifbare Menschen.

Als ich in der Schule das Schreiben lernte, dauerte es lange, bis ich meine eigene Handschrift fand. Da gab es Susi und Julia, die anscheinend immer alles richtig machten. Sie wurden gelobt, hatten schöne Hefte und gute Noten, sie entsprachen in meiner Wahrnehmung den Erwartungen von außen. Ich wollte daher wie sie sein. Wenn ich wie sie wäre, würde ich so toll wie sie sein, so wohl meine Annahme.

Lange hing meine Handschrift davon ab, ob ich neben Julia oder Susi saß. Ein Blick in mein Heft genügte, um die jeweilige Sitznachbarin zu erkennen: Saß ich neben Julia, gab es fest angedrückte, flache und in die Breite gezogene runde Buchstaben und zu Kreisen geformte i-Punkte, neben Susi sitzend schrieb ich hauchdünne, in die Höhe gezogene und nach rechts hängende Strichbuchstaben ins Heft. Eine eigene Schrift hatte ich da nicht.

Können Sie sich noch daran erinnern, wie es war, als Sie Ihre Handschrift entwickelt haben? Indem wir lernten, die Buchstaben technisch zu beherrschen, begannen wir, jede für sich, unsere eigene Handschrift, unseren eigenen schriftlichen Stil zu entwickeln. Beim Sprechen-Lernen ist das nicht anders. Mit jeder Fertigkeit entsteht unser individueller Stil, unsere Handschrift, unsere Stimme, in der unsere individuelle Art zum Ausdruck kommt.

Die eigene Schrift, die eigene Stimme, kommt von innen, nicht außen. Sie entsteht bei einem selbst, nicht bei den anderen. Sie fließt von innen nach außen, über die Hand in Form von Buchstaben auf das Papier, durch den Mund in Form von Wörtern in die Luft – der Übergang von unserer Innenwelt in unsere Außenwelt. Sie macht das Unsichtbare in uns sichtbar, hörbar, greifbar. Sie kommt wie von selbst, wenn man nicht externen

Bildern nachläuft und ihnen zu entsprechen versucht. Sie kommt, wenn man sie rauslässt, sie buchstäblich „(r)ausdrückt", statt sie zurückzuhalten. Bin ich die brave Susi, die alles richtig macht? Bin ich die coole Julia, auf die alle Jungs stehen? Bin ich ich selbst? Wer aber ist das? Wie schreibe ich, wie spreche ich, welche Geschichten male ich mit meinen Wörtern?

Ich habe viel Zeit meines Lebens hinter Masken verbracht. Von unnahbarer Rebellin, zu clownesker Chaosnudel und moralischer Weltverbesserin war alles drin. Die Masken würden, so ging ich wohl unbewusst davon aus, dabei helfen, negativen Invasionen von außen zu entkommen. Sie haben mich geschützt vor Verletzungen durch unliebsame Kommentare, durch unzufriedene, enttäuschte Reaktionen oder Zurückweisungen. Meist hat diese Maske Gesichter erzeugt, von denen ich wohl unbewusst annahm, dass sie dem Gegenüber gefallen, dass sie das Gegenüber besänftigen oder das Gegenüber in sicherer Ferne halten. Das Tragen dieser Masken war anstrengend und kraftraubend; eine Mauer, die mich von anderen Menschen trennte und mich einsam machte. Abgesehen vom Leben als Rockstar oder Kunstfotografin war einer meiner häufigsten Tagträume in meiner Jugend die bildliche Vorstellung, dass ich mich plötzlich häuten, rausschälen würde aus dem, wer ich bin, und darunter jemand ganz anderes zum Vorschein käme – eine ganz tolle Claudia. Ich spürte eine tiefe Sehnsucht in mir, meine Masken wie Hautschichten abzuziehen. Stattdessen legte ich mir immer mehr Masken und Gesichter zu, damit ich allen Eventualitäten entsprechen konnte.

Tief verborgen unter all dem lag viele Jahre lang wohl die Sehnsucht, frei zu sein, im eigenen Flow, statt gefangen auf der von anderen gelegten Schiene. Es brauchte viele Ausbrüche, um den eigenen Fluss zu finden. Den destruktiven Ausbrüchen in meiner Jugend folgten viele konstruktive, die mich zu der freien Frau haben werden lassen, als die ich mich jetzt empfinde. Aus der Perspektive des Perfektionismus waren es Ausbrüche aus vorgefertigten Schienen, aus der Perspektive der Authentizität waren es Schritte zu mir selbst. Auf dieser Reise habe ich gelernt, mich mehr und mehr so zu zeigen, wie ich bin, immer mehr das rauszulassen und dem zu vertrauen, was in mir ist, darauf zu vertrauen, dass es gut genug ist und ich nur einer Stimme entsprechen muss: meiner eigenen. Und dass ich nur eine Geschichte authentisch erzählen kann: meine eigene. Retrospektiv fühlt es sich tatsächlich an, als hätte ich mich von vielen Schutzschichten gehäutet. Es fühlt sich an, als hätte ich mich aus einem inneren Gefängnis befreit. Authentizität als autobiografischer Befreiungsschlag, der mir den Mut abverlangt, mich so zu zeigen, wie ich bin, unabhängig von meinem Gegenüber. Daher hier offiziell mein Outing: Ich bin Claudia Novak und genesende Perfektionistin.

WILLKOMMEN IN DER SOGWIRKUNG DES PERFEKTIONISMUS

Perfektionismus will uns unbedingt davon abhalten, wir selbst zu sein. Er orientiert sich an fertigen Bildern, will diese bestmöglich nach außen erzeugen und gefallen. Er ersetzt die natürliche innere Selbstwahrnehmung durch äußere Bewertungssysteme, die selten nur wohlwollend sind. Das äußere Spiegelbild – sei es im Badezimmerspiegel, im Spiegel der Gesichter anderer Menschen oder im Spiegel sozialer Medien – bestimmt oft unsere Selbstwahrnehmung und entscheidet, ob wir gut genug sind. Das Like im Außen tritt an die Stelle des Selbstvertrauens im Innen.

Von meinem Vulnerability-Hangover nach meinem Vortrag, nach dem ich fluchtartig die Stadt verlassen wollte, habe ich Dir bereits erzählt. Grund dafür war bei genauerer Überlegung (unter der Bettdecke, versteht sich) eine einzige Dame (mit peniblem Erscheinungsbild samt Samthaarreifen), die während des Vortrags kontinuierlich mit skeptischem Gesichtsausdruck ihren Kopf schüttelte. Ich sah nur noch ihr – vermutlich verheerendes – Urteil statt der vielen anderen nickenden, schmunzelnden Gesichter, ich sah nur noch den Samthaarreif mit einem überdimensional großen nach unten zeigenden Cäsar-in-der-Arena-Daumen. In der Abhängigkeit vom Applaus wird jedes Bühnenspiel zum potenziellen Martyrium. Genau davor möchte ich Dich bewahren. Du hast Selbstwert und brauchst keinen „Fremdwert", keine Fremdwährung, die die innere Inflation ausgleicht. Eine Seminarteilnehmerin erzählte mal begeistert von ihrer Zeit als jugendliche Sängerin in einer Band, in der sie regelmäßig mit großem Spaß vor Menschen sang. In ihrer Berufswelt kam ihr jedoch jegliche Bühnenfreude abhanden, weil sie sich mit ihren eigenen hohen Ansprüchen dermaßen unter Druck setzte: „Früher ging es nicht um den Applaus und um die Frage, was andere über mich denken könnten. Ich wollte einfach Musik machen und mit Band und Publikum eine gute Zeit haben." Voilà, soviel zum Ziel dieses Kapitels.

Perfektionismus verunsichert, blockiert und hält Dich davon ab, im Rampenlicht Du selbst zu bleiben. Perfektionismus macht steif und unlocker, humorbefreit und unflexibel. Du bist so mit Dir selbst beschäftigt und damit, alles „richtig" und einen guten Eindruck zu machen, dass Dir die Aufmerksamkeit für Deine Zuhörerinnen fehlt. So kannst Du kaum Verbindung zu ihnen aufbauen. Du allein im Bühnen-Spiegelkabinett: „Spieglein, Spieglein an der Wand ..." Dank der überzogen hohen Ansprüche an Dich selbst wirst Du ängstlich, umständlich und stehst Dir selbst im Weg, wenn Du eigentlich auf Deine Bühnen springen könntest, um das zu sagen, was Du wirklich sagen willst.

Der Begriff Perfektion bedeutet laut Duden die „höchste Vollendung in der (technischen) Beherrschung, Ausführung von etwas, in der äußeren Form." Perfektion ist also die „vollkommene Meisterschaft, der höchstmögliche Abschluss eines Entwicklungsprozesses". Kein Wunder, dass Perfektionismus einen auf Schwarz-Weiß-Gut-Schlecht eingestellten Tunnelblick entwickelt: nur die höchstmögliche Vollendung zählt. Perfektionismus ist das selbstzerstörerische Streben nach dieser Perfektion im Glauben, dass ich, wenn ich perfekt bin, perfekt aussehe und alles perfekt mache, die schmerzhaften Gefühle rund um Bewertungen und Beurteilungen vermeiden kann. Perfektionismus kennt keine Wertschätzung für den Prozess, sondern nur für das perfekte Endergebnis. Die vielen wertvollen Aspekte auf diesem Weg bleiben ungesehen. Aus Sorge, dass es nicht gut genug wird, lässt uns Perfektionismus oft in Unwesentlichem verzetteln, verstellt uns den Blick auf die eigenen langfristigen Visionen – auf das, worauf es Dir wirklich ankommt, auf das, wofür Du das Wort ergreifen willst, kannst und sollst.

„Perfektion ist eine verführerische Lüge, die dich ständig enttäuscht und dir selbst am meisten schadet", schreibt Attila Albert in *Perfektionismus ist ein Arschloch*.[15] Er unterscheidet je nach Ursache zwischen negativem und positivem Perfektionismus: Ersterer ist die Antwort auf Angst – vor Kritik, Scheitern, Blamage. Er will beeindrucken, sehnt sich nach Anerkennung und Bewunderung, er will Schmerz durch Tadel und Beurteilung vermeiden, ist zwanghaft und **raubt** Kraft. Letzterer wiederum basiert auf Leidenschaft und Hingabe – für andere Menschen, eine Sache, einzigartige kreative geistige, handwerkliche, künstlerische oder technische Leistungen sowie die Welt insgesamt. Er ist spielerisch und **gibt** Kraft.[16] Für den Fall, dass Du Dir Sorgen machst, dass ich Dir den Nährboden für Deine Motivation entziehen möchte, versichere ich Dir: Eine Absage an den Perfektionismus ist keine Absage an Qualität und kein Appell für gewollte Mittelmäßigkeit – sie bedeutet nicht, dass

---

15 Attila Albert (2021). Perfektionismus ist ein Arschloch – gut genug ist meist am besten. München: Gräfe und Unzer, S. 10.

16 Ebd., S. 112.

Du nicht Dein Bestes geben, nicht wachsen, dich entfalten und verbessern kannst. Vielmehr spornt uns positiver Perfektionismus an und motiviert, er ist der Magnet nach vorn, während der negative Perfektionismus die Peitsche von hinten ist, und diese wollen wir loswerden, denn sie sorgt selten für einen entspannten Gesichtsausdruck auf der Bühne.

MIT DER KRAFT DER AUTHENTIZITÄT STATT DEM DRUCK DES PERFEKTIONISMUS

Im Rampenlicht führt Perfektionismus zu einer Distanz zum Publikum, zum künstlichen Kontrollieren der Situation, statt natürlich im Flow mit den Zuhörerinnen zu sein. Es ist die Menschlichkeit, die inspiriert und in den Bann zieht. „Messenger before message", heißt es so schön. Als Zuhörerinnen wollen wir keine perfekten Faktenfassaden präsentiert bekommen, sondern mit Menschen in Verbindung treten. Zu einer perfekt inszenierten Maske lässt sich schlecht Verbindung aufnehmen. Verbindung zwischen Dir und Deinen Zuhörerinnen entsteht, wenn Du Dich als Mensch zeigst, wenn Du (an-)greifbar, echt, authentisch bist.

Da haben wir sie wieder, die Entspannung als wahres Empowerment. Während meiner Seminare erleben die Teilnehmerinnen das oft als fast wahnwitziges Aha-Erlebnis und kommen dann freudig auf mich zu: „Ich wusste gar nicht, dass ich auf der Bühne ich selbst sein darf. Es fühlt sich großartig an, so leicht und frei." In dem Moment, in dem ihnen das bewusst wird, entspannen sie sich, genießen das Lampenfieber als kribbelige Vorfreude und können ihre Zeit im Rampenlicht immer mehr genießen. Genau darin liegt die Kraft.

Authentizität. Ein großes (und auch verdammt schwer auszusprechendes) Wort, von dem wir in vielen Zeitschriften, Ratgebern, Büchern und Onlinekursen lesen und hören. Doch wie Du bereits weißt, ist Authentizität kein weiteres To-do im omnipräsenten Optimierungsdruck, sondern Deine Chance auf eine Befreiung von den vielen inneren und externen Idealbildern, Ansprüchen und überzogenen Erwartungen. Spätlateinisch „authenticus" heißt „verbürgt, zuverlässig, echt". Die altgriechische Wurzel „authentikós" bedeutet „Echtheit" im Sinne von Ursprünglichkeit und „als Original befunden". Original heißt unverfälscht. Das lateinische Wort „Origo" bedeutet **„Ursprung, Quelle, Stamm".** Im Unterschied zum Tunnelblick des Perfektionismus auf die Karotte des vollendeten Idealbilds ergibt der Blick zurück, dorthin, wo Du herkommst, ein weiteres Blickfeld auf das, was Dich alles ausmacht, auf die Fülle, die da ist, auf den Weg, den Du bereits gegangen bist.

Wenn wir uns vorwiegend an Erwartungen orientieren, verlieren wir schnell mal diesen weiten Blick, diese ureigene Kraft in uns, unsere Authentizität. Wenn Du mit Deinen Werten, Visionen, inneren Stimmungen verbunden bist, dann stehst Du für etwas und hast eine ganz andere Wirkungskraft. Kraft von innen statt Druck von außen. Konstruktive Potenzialentfaltung verschafft sich organisch wachsend Platz und nimmt dadurch wie von selbst Raum im Rampenlicht ein. „Bin ich im Kontakt mit mir selbst?", das ist die entscheidende Frage, denn Echtheit bedeutet, dass der äußere Auftritt mit dem inneren Fühlen, Erleben und Zumute-Sein übereinstimmt, so Schulz von Thun im Kommunikationsklassiker *Miteinander reden.*[17]

Was mir dabei selbst am meisten hilft, ist die Gegenüberstellung von Perfektionismus und Authentizität als Wirkkräfte. Hoffentlich hilft es Dir auch, deren tiefere Bedeutung und Facetten zu verstehen, um Dich vom Druck der Perfektion zu befreien und die Kraft Deiner Authentizität zu entdecken und für Deine Bühnen zu nutzen.

17 Von Thun (2001), S. 117.

	Perfektionistisch im Rampenlicht	**Authentisch im Rampenlicht**	
	Ich bin voller Angst und Zweifel und perfektioniere, bereite vor und plane bis ins kleinste Detail. Ich fühle mich unter Druck gesetzt, bin steif, unlocker und spaßbefreit.	Ich habe Vertrauen in mich und in die Situation, bin präsent, achtsam, verbunden mit mir und den anderen, ich bin bereit für Improvisation. Ich fühle mich frei und beweglich, bin flexibel und humorvoll.	
PERFEKTIONISMUS	Ich bin auf Schiene und mechanisch. Etwas Spontanes, mögliche Fragen und unerwartete Interaktionen bringen mich aus dem Konzept und stressen mich.	Ich bin im Fluss und aufmerksam. Ich reagiere spontan und intuitiv auf mein Publikum. Mein innerer Kompass führt mich durch jede Situation – ich vertraue auf ihn.	AUTHENTIZITÄT
	Es geht im Rampenlicht um mich: Ich bin allein und mit meinem Ego beschäftigt, ob ich alles richtig mache. Ich möchte unbedingt einen guten Eindruck schinden und orientiere mich an externen Referenzen.	Es geht im Rampenlicht um uns: Ich bin verbunden mit den mir zuhörenden Menschen. Ich höre und sehe die Zuhörerinnen. Während ich spreche, sehe und höre ich, was sie mir nonverbal rückmelden. Ich möchte einen mir wichtigen Beitrag leisten.	

PERFEKTIONISMUS	Perfektionistisch im Rampenlicht	Authentisch im Rampenlicht	AUTHENTIZITÄT
	Ich zeige meine Maske. Ich entspreche einem Bild aus Erwartungen, bin nicht ich selbst und damit wenig überzeugend.	Ich als Mensch in meinem Prozess bin sichtbar. Ich überzeuge, weil ich selbst überzeugt bin. Ich begeistere, weil ich selbst begeistert bin = ich kann den Geist, den Spirit, der in mir ist, auch anderen einhauchen ⟶ die buchstäbliche, ursprüngliche Bedeutung des Wortes inspirieren.	
	Ich bin selbst meine größte Kritikerin.	Ich bin meine eigene Begleiterin im Rampenlicht.	
	Ich vertraue anderen und deren Meinungen mehr als meiner eigenen Intuition und Vision.	Ich bin mir selbst und meiner inneren Stimme gegenüber loyal und bringe sie zum Ausdruck.	
	Ich fühle mich exponiert vor den Zuhörerinnen und spreche **vor** und **zu** ihnen. Ich fühle mich vom Publikum eingeschüchtert und davon gestresst, performen zu müssen.	Ich fühle mich mit meinem Publikum verbunden und auf Augenhöhe. Ich spreche **mit** statt zu ihnen.	

PERFEKTIONISMUS	**Perfektionismus fragt:**	**Authentizität fragt:**	AUTHENTIZITÄT
	Entspreche ich den Erwartungen?	Wie entfalte ich mich?	
	Bin ich „richtig“? Mache ich es „richtig“? Was denken die anderen? Finden sie mich gut? Bekomme ich Applaus und Bestätigung? Er liebt geschlossene Schwarz-Nein-Weiß-Ja-Fragen.	Woher komme ich? Was ist mir wichtig? Wofür stehe ich? Was macht mich und meine Ideen, Interessen, Projekte aus? Wie bringe ich das zum Ausdruck? Was ist für mich stimmig?	
	Wie vermeide ich Fehler?	Wie kann ich mich weiterentwickeln und wachsen? Was kann ich aus vergangenen Situationen für zukünftige Auftritte lernen?	
	Wie kann ich beeindrucken?	Was kann ich beitragen?	

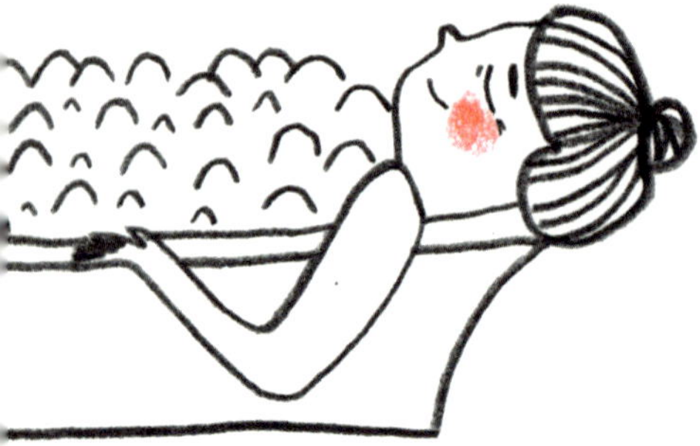

PERFEKTIONISMUS

AUTHENTIZITÄT

Perfektionismus sagt:	**Authentizität sagt:**
Ich will alles „richtig“ machen.	Ich bin gut, wie ich bin, und lasse mich sehen, so wie ich bin.
Ich will „richtig“ sein, „das Richtige“ sagen und dabei „richtig“ aussehen. Ich entspreche dem Bild, das (vermeintlich) von mir erwartet wird.	Ich entfalte mich im Rampenlicht und bringe mich dort zum Ausdruck mit all meinen Persönlichkeitsanteilen und den mir wichtigen Inhalten.
Mein Selbstwert ist umso höher, je mehr ich diesem Bild gerecht werde – ohne den tosenden Applaus der anderen schwindet er schnell wieder und ich sehe nur noch das, was ich falsch gemacht habe, und tue mich schwer, Gutes an meinem Auftritt zu erkennen.	Mein Selbstwert ist unabhängig vom Applaus. Wenn ich merke, dass ich mein Publikum nicht so erreiche, wie ich es gerne hätte, überlege ich, wie ich meinen Auftritt anpassen könnte, um es mehr zu erreichen.
Ich will die Kontrolle über die Situation und darüber haben, wie mich die anderen wahrnehmen.	Ich gedeihe und wachse im Rampenlicht, ohne meine finale Form und Größe zu kennen und zu kontrollieren.

PERFEKTIONISMUS	**Perfektionistisch im Rampenlicht**	**Authentisch im Rampenlicht**	AUTHENTIZITÄT
	Fokus nach außen, trotzdem Distanz zum Publikum.	Fokus nach innen, gleichzeitig verbunden mit dem Publikum.	
	Wirkrichtung: Von außen nach innen	Wirkrichtung: Von innen nach außen	

Wenn Du Dich auf dem Weg zu Deinen Bühnen authentisch aufladen willst, statt Dir perfektionistisch im Weg zu stehen, dann nimm gerne diese Gegenüberstellung zum Authentizitätscheck zur Hand. Nutze die rechte Spalte als Authentizitätsmantras und lass Dir von ihnen positive Bilder und eine wohlige Stimmung schenken. Auch wenn ich die einzelnen Punkte kenne, ertappe ich mich immer wieder dabei, dass ich den vielen, teils subtilen Facetten des Perfektionismus verfalle. Dann nehme ich mir die Auflistung zur Hand und reflektiere darüber, welche Fragen und Antworten seitens des Perfektionismus auf mich einprasseln, welche Fragen und Antworten mir aber die Kraft der Authentizität schenkt. Vor einem Vortrag oder einem Seminar erinnere ich mich daran, dass es nicht darum geht, zu beeindrucken, allen zu gefallen und Applaus zu erhaschen, sondern um meinen Beitrag mit meinen Worten für eine Welt, an die ich glaube. Ich erinnere mich daran, dass es nicht allein um mich und meine Beliebtheit geht, sondern um uns und den gemeinsamen Mehrwert, dass ich frei agieren will in dem, für das ich stehe, und nicht steif in einer an die Erwartung anderer geknüpfte Inszenierung feststecke. Ich spreche mir gut zu, dass ich mein eigenes Original sein darf und sie mich trotzdem, oder eben deshalb schätzen/mögen/gut finden, und dass ein Original nie Everybody's Darling sein kann und genau darin der Mut zur Authentizität steckt. Probiere es einfach mal aus, lass die

Gegenüberstellung auf Dich wirken und lass Dich von den Fragen und Antworten der authentischen Kraft in Dir inspirieren! **Come as you are,** haben wir doch damals mit Nirvana gegrölt.

ECHT DU AUF DEINEN BÜHNEN

Wenn ich zu Hause für einen Vortrag laut im Wohnzimmer übe und mich die Kinder fragen: „Mama, warum redest Du so komisch?", weiß ich, dass ich im Authentizitätstest durchgefallen bin. Damit Du wiederum besser abschneidest, sehen wir uns ein paar typische Stolpersteine an und stellen sicher, dass Du diese stattdessen als Meilensteine auf Deiner Reise gen Rampenlicht für Dich feiern kannst. Wir entlarven das Vorher-noch-aber-dann-Versteckspiel, treffen uns zum Poledance, wo wir mit all den vermeintlich widersprüchlichen Polaritäten in uns tanzen, machen uns vom Applaus anderer unabhängig und lernen, das, was in uns ist, rauszulassen und dafür Geschenke zu empfangen.

VORHER-NOCH-ABER-DANN-VERSTECKSPIEL

Immer wieder erlebe ich bei mir selbst und bei den Frauen, mit denen ich arbeite, dass wir uns hinter diffusen, oft sogar unbewussten Vorher-noch-aber-dann-Listen verstecken und uns ihrer bremsenden oder gar blockierenden Wirkung nicht bewusst sind. Vorher noch einen Onlinekurs machen, vorher noch mehr Fachliteratur zum Thema lesen, vorher noch in die engen Jeans passen, vorher noch die Website überarbeiten, vorher noch zum Friseur, vorher noch die aktuellen Zahlen, Daten und Fakten in den Kopf bekommen, aber dann ... kann ich mich auf meinen Bühnen sehen lassen.

LIEBER SICHTBAR IMPERFEKT
ALS PERFEKT UNSICHTBAR.

Viel zu viele Ideen, Gedanken, Impulse und Projektvorschläge scheitern am selbstkritischen Perfektionsanspruch der Urheberin und schaffen es vor lauter „Noch-nicht-gut-Genug" nicht in die Sichtbarkeit. Dabei unterliegen viele dem Trugschluss, erst dann mit einer Sache in die Sichtbarkeit gehen zu können, wenn sie vorher alles allein im stillen Kämmerlein bis ins kleinste Detail perfektioniert haben. Ein wahrhafter Perfektionismusklassiker, der die Sicht auf ganz viel Bühnenreifes verstellt, das es auf diesem Weg zu sehen und zu zeigen gäbe.

Was sind Deine Vorher-noch-aber-dann-Verstecke? Was hältst Du davon, aus diesen Verstecken keine To-do-Listen werden zu lassen, sondern an ihnen vorbei eine direkte Route ins Rampenlicht freizulegen? Spielen wir doch lieber stattdessen das Aber-jetzt-Bühnenspiel!

POLEDANCE
TANZ ZWISCHEN DEINEN POLEN

Fühlst Du Dich auch manchmal innerlich zerrissen zwischen Deinen unterschiedlichen Facetten? Die innere Spannung zwischen den Polen, die sich widersprüchlich gegenüberstehen – Ordnung und Chaos, Struktur und Kreativität, Sichtbarkeit und Rückzug, Action und Entschleunigung, Coolness und Warmherzigkeit, Unschuld in Weiß und Vamp in Schwarz. Viele fühlen sich unter Druck gesetzt, sich für eine Seite entscheiden zu müssen. Oft basierend auf einem inneren Bewertungssystem, das einen Aspekt abwertet, während es den anderen aufwertet, dabei aber auch immer wieder die Seiten wechselt. Die gute Nachricht: Du kannst alles sein, also auch widersprüchlich. Pfeif auf diesen Entscheidungsdruck, mach lieber Musik an und tanze mit mir den spannenden Tanz Deiner Pole.

Lange habe ich mich damit gestresst, die Chaotin in mir verstecken zu müssen, weil sie vielleicht meine Kompetenz und Professionalität untergraben könnte. Ich kämpfte innerlich gegen mich selbst an, im – meist kläglich scheiternden – Versuch, so zu wirken, als hätte ich alles unter Kontrolle. Mein Outing und Break-free-Moment kam unerwartet bei der Moderation einer TEDx-Konferenz, als ich für einen stimmungsvollen Dank alle Sponsorinnen hätte aufzählen sollen. Der Blick aber auf meine Moderationskarten zeigte mir erschreckenderweise, dass sie alle in der Pause runtergefallen sein mussten und völlig durcheinandergekommen waren. Ich musste mich also für alle sichtbar auf der Bühne zum Ordnen hinhocken: ein wahrer Wendepunkt in meiner Selbstwahrnehmung und der tief liegenden Überzeugung, für einen guten Eindruck fehlerfrei und perfekt sein zu müssen. Ich hatte meine Bühnenmaske verloren und dabei mein Gesicht wieder gewonnen: Retrospektiv war es kein Scheitern als Moderatorin, sondern ein befreiender und erfrischender Moment, auf den ich noch heute angesprochen werde.

Haben unsere menschlich-verletzlichen Versuche, alles richtig zu machen, nicht eigentlich etwas Clowneskes? Ist es nicht vielmehr genau das, was uns liebenswert und greifbar macht? Heute tanze ich schmunzelnd zwischen meinen Polen, die beide sichtbar sein dürfen. Ich lebe Teilzeit im Chaosland und fließe dort in meiner Kreativität; die andere Zeit genieße ich Struktur, Ordnung und Klarheit. Ich habe ein impulsives Feuer in mir während meiner Vorträge, lache laut über meine eigenen Witze, stolpere vor Euphorie über meine Wörter – ohne dass all das ein Widerspruch zur Zen-Stille in mir ist, die im nächsten Moment mit ruhiger, langsamer Stimme den Dalai Lama zitiert. Ich gönne meiner introvertierten Seele Rückzug und

> » **Tension is who you think you should be. Relaxation is who you are.**
> ***Buddhistisches Sprichwort***

Unsichtbarkeit, bis meine extrovertierte Persönlichkeit aus mir herausplatzt und eine Show abzieht.

Welche Pole spürst Du in Dir? Begegnest Du beiden gleichermaßen wertfrei oder bewertest Du sie unterschiedlich? Wie kannst Du all Deine Facetten Teil Deiner Bühnenpersönlichkeit werden und einfach alles fließen lassen?

FREI VOM APPLAUS …

Der süße wohltuende Applaus ist nur die Kirsche auf dem **Sahnebecher**, aber nicht der Sahnebecher selbst, schreibt die amerikanische Female-Empowerment-Expertin Tara Mohr und animiert dazu, sich vom Applaus unabhängig zu machen.[18] Der Selbstausdruck selbst ist der süße Sahnebecher und der schmeckt **auch ohne Kirsche.** Das geht leichter, wenn Du Dir klar darüber bist, wofür Du stehst und losgehst, unabhängig von der Bewertung anderer. Bereits im 17. Jahrhundert hielt der französische Moralist Jean de La Bruyère fest: „Wir suchen unser Glück außerhalb von uns selbst, noch dazu im Urteil der Menschen, die wir doch als kriecherisch kennen und (…) als Menschen voller Mißgunst, Launen und Vorurteile kennen: Welch eine Verrücktheit!"[19] An der Absurdität unserer Fremdsteuerung hat sich über die Jahrhunderte nicht viel geändert.

Perfektionismus ist Außenlenkung. Erinnern wir uns daher immer wieder selbst daran: Dein Maßstab, Dein Wert liegt in Dir, nicht in den Likes auf Social Media oder in den lächelnden

---

18 Tara Mohr (2014). Playing Big, A practical guide for brilliant women like you. London: Arrow, S. 92.

19 zit. nach: Reinhard (2015), S. 42.

Gesichtern und klatschenden Händen Deiner Zuhörerinnen – und nicht in der Abwesenheit von Kopf schüttelnden Samthaarreifen. Ich würde Dich (und mich selbst) am liebsten täglich daran erinnern, dass Du nicht für die Erwartungen anderer da bist, sondern um Dir selbst, Deiner inneren Stimme, Deiner inneren Wahrheit treu und loyal zu sein. Lass Dich nicht verunsichern und von Deinem Weg abbringen von Menschen, die Dich zum Objekt ihrer Erwartungen machen und denen Du es doch niemals recht machen kannst – sie bringen Dich in den seltensten Fällen weiter. Wenn Du es nicht gut machst, wenn Du schwitzt, es anstrengend wird, Du kämpfst, fragen sie gerne „Warum tust Du Dir das an? Selbst schuld, da gibt's kein Mitleid", statt Dich zu bestärken. Wenn Du es schaffst und brillierst, ist deren Zunge schnell von Neid getränkt und schießt spitze, missgünstige Kommentare ab. Zu oft integrieren wir das Echo der Urteile anderer in unseren selbstkritischen inneren Dialog. Je dreister und forscher diese Stimmen sind, desto mehr bringen sie Deine eigene Kompassnadel zum Wackeln, aber: Du weißt, wo es lang geht. Du musst Dich nicht erklären oder rechtfertigen. Du brauchst keine Erlaubnis. Du bist, wer Du bist. Du bist, wie Du bist. Du sagst, was Du wirklich sagen willst.

... LÄSST DU ES RAUS!

„Mein Highlight im Seminar war die Erkenntnis, dass ich ganz ich selbst sein kann. Ich habe mich nie wohl gefühlt auf Bühnen, aber inzwischen weiß ich, warum: Ich habe mich verstellt, lernte alles auswendig, war steif und nicht ich selbst. Jetzt habe ich mich selbst entdeckt und mir erlaubt, mich selbst auf die Bühne mitzunehmen, meinen Charakter und meine Leidenschaft. Das fühlt sich genial an", war das Feedback einer meiner Seminarteilnehmerinnen. Das soll keine Werbung für mein Seminar sein, sondern mein Anliegen auf den Punkt bringen. Authentizität sei eine tägliche Praxis und eine bewusste Entscheidung, wie wir leben möchten, postuliert Brené Brown. Sie sei die Entscheidung, echt und ehrlich zu sein. Sie sei der Mut zur Imperfektion, zum Grenzensetzen gegenüber Erwartungen und der damit einhergehenden Verletzlichkeit. Sie sei die Verabschiedung von der Version von Dir, bei der Du glaubst, dass Du sie sein müsstest, sowie die Umarmung der Person, die Du wirklich bist.[20]

Die Courage zur Authentizität zahlt sich übrigens auf mehreren Ebenen aus: Du bist Dir selbst gegenüber loyal und bleibst Deiner inneren Stimme treu – ein Geschenk der Wertschätzung, das Du Dir selbst gibst. Dazu beschert Dir das Gesetz der Resonanz gleich noch ein weiteres: Wenn wir authentisch sind, sind wir im Einklang mit uns selbst und anderen. So ziehst Du auf Deinen Bühnen Menschen und Situationen an, die zu Dir passen und sich gut anfühlen. So lebst Du echte und stimmige Beziehungen. Wenn Du in Resonanz mit Dir selbst bist, ergibt sich ein Umfeld rund um Dich, voller sich stimmig anfühlender Begegnungen, Situationen und Möglichkeiten. Wenn Du authentisch bist, bist Du echt und bekommst dafür Vertrauen geschenkt.

Rampenfrauen-EHRENWORT VERGLEICHERITIS ADE

Wie können wir uns gegenseitig dabei unterstützen, authentisch zu sein? Beim ersten Ehrenwort haben wir dem destruktiven Neid abgeschworen und folgen stattdessen seinem konstruktiven Ruf. Ähnliches ist möglich in Hinblick auf die vergleichbar negative Macht des ständigen Sich-miteinander-Vergleichens. Wenn Du den Fokus darauf hast, wie es andere

20 Brené Brown (2010). The Gifts of Imperfection. Center City: Hazelden Publishing, S. 49–50.

machen, ob sie besser, schlechter, anders unterwegs sind, verlierst Du die Verbindung zu Dir selbst. Vergleiche sind ein Authentizitätskiller. Vorbilder auf Hochglanzpapier zeigen, wie es gehen kann und soll. Doch ist der Weg dieser einen Frau der passende Weg für alle? Ich habe ein ambivalentes Verhältnis zur Vorbildinszenierung, denn ich bezweifle, dass sie andere Frauen in der gewünschten Form mitreißen und motivieren. Ich befürchte, sie erzeugen eher die gegenteilige Wirkung und schüchtern ein, machen skeptisch und erzeugen inneren Widerstand gegen diese Inszenierung. Bilder der gutaussehenden, sportlichen „Powerfrau", die zu Hause die perfekte Mutter und Partnerin abgibt, im Beruf die perfekte Performance hinlegt und dabei auch noch dauerentspannt und glücklich aussieht – das löst eher Selbstzweifel aus, eine schockerstarrte, passive „Ich wünschte, bei mir wäre das auch so"-Sehnsucht statt der erhofften „Wenn sie das kann, kann ich das auch"-Motivation.

Die Zeit, die wir mit Vergleichen verbringen, saugt uns in ein schwarzes Loch im Nirgendwo statt ins Spotlight unseres eigenen Lebens, führt uns nirgendwohin – schon gar nicht in unsere Stärke. Lass uns, um aus dem schwarzen Loch zurück in unser eigenes Licht zu finden, unsere kostbare Zeit lieber dafür verwenden, zu lesen, zu gestalten, uns körperlich zu bewegen und zu rasten – und **für echten direkten Austausch statt indirektem Abgleich.**

Caroline Goyder empfiehlt Dankbarkeit und Verbindung als das oberste Heilmittel gegen Vergleicheritis – ich kann ihr dabei nur beipflichten.[21] Lieber an all das denken, wofür Du dankbar bist in Deinem Leben: an die Menschen, die Du liebst und die Dich lieben, an Deinen individuellen Beitrag, an das, was Dir wichtig ist und was Du in die Welt bringen möchtest.

---

21 Caroline Goyder (2021). How to stay in your lane and avoid comparison. http://www.carolinegoyder.com/how-to-stay-in-your-lane-and-avoid-comparison/, zugegriffen: 25. Mai 2023.

Die innere Haltung der Dankbarkeit lässt unser Gehirn Serotonin und Dopamin ausschütten, zwei zentrale Botenstoffe für unsere guten Gefühle. Nutzen wir also diese Stimmungsaufheller, sobald es dunkel wird. Lass Dich überraschen, wie schnell sich Deine Wahrnehmung verändert und Du zurück in Dein Zentrum findest. In meiner Rampenfrauenvision bestärken wir uns gegenseitig, indem wir keine perfektionierten Idealbilder inszenieren, mit denen wir uns gegenseitig unter Druck setzen. Lassen wir uns lieber gegenseitig öfter hinter die Kulissen blicken – das nimmt nicht nur den anderen den Druck, sondern auch uns selbst. Dann sind wir dort nicht allein mit dem Perfektionsdruck. **Echte, authentische Vorbilder, die uns auch hinter der Bühne willkommen heißen,** statt uns im Rampenlicht eine Hochglanzversion ihrer selbst zu präsentieren, schüchtern weniger ein, sondern bestärken mehr und bringen uns alle weiter.

SELBSTFÜRSORGLICH & ENTSPANNT, NICHT SELBSTOPTIMIERT & GESTRESST

„Ich muss an mir arbeiten", „Ich muss selbstbewusster werden", „Ich muss lockerer werden", „Ich darf nicht so perfektionistisch sein" – all das höre ich immer wieder von unterschiedlichsten Frauen, und das mit einem strengen, fast vorwurfsvollen Unterton. Viele zerbrechen sich den Kopf, wie sie alles „richtig" hinbekommen, was sie wie tun und sagen sollen, damit „es passt". Gleichzeitig lese und höre ich vielerorts von Empowerment, meist verkörpert von einer perfekt aussehenden und sichtlich alles schaffenden Idealfrau.

ETWAS EMPOWERMENT GEFÄLLIG?

Frauen sollten bestärkt werden, heißt es da meist euphorisch. Dagegen gibt es nichts einzuwenden. Doch wie sieht diese Bestärkung aus und wie können wir vermeiden, dass sie nicht vom Selbstoptimierungstrend in der kollektiven Höchstleistungsspirale verschluckt wird? Schwingt doch beim – wenngleich gut gemeinten – Empowerment oft auch der subtile Imperativ mit, noch mehr in noch weniger Zeit leisten zu müssen, um den medialen Inszenierungen der perfekten „Powerfrau“ mit angespanntem Hochglanz-Powerlächeln gerecht zu werden. Subtil und kaum wahrnehmbar drückt er auf die „Es ist nie gut genug“-Wunde, die Frauen noch schneller laufen, **noch mehr** arbeiten und **noch mehr** als selbstausbeuterische Arbeitsbienen rotieren lässt. Selbstoptimierung wird Selbstausbeutung. Em-power-ment wird Em-burnout-ment.

» **Der Kutscher hält die Zügel, die Karotte lockt den Esel über jeden Hügel und die Peitsche versetzt Prügel.**
Tomzen Tymez

Liv Strömquist weist auf den spannenden gesellschaftlichen Zusammenhang hin, dass wir fast unbemerkt den Umgang mit unserer Psyche und Persönlichkeit der Logik des Wirtschaftswachstums anpassen: ständige Optimierung unter dem patriarchal-kapitalistischen Druck der ewig steigenden Kurve. Unsere Psyche sei ständig auf die Zukunft konzentriert, wir würden ständig planen und uns versichern, dass alles immer besser werde – das Geld solle sich vermehren, Ziele sollen erreicht werden und alles müsse die ganze Zeit aufwärts und vorwärts gehen.[22]

Ist eine permanente Performance das, was Du willst, das, was Dir guttut, das, was Dich strahlend Du selbst sein lässt? Damit Du die nötige Kraft für Entfaltung und Selbstausdruck hast, braucht es Zeit und Raum, um diese Kraft zu tanken, braucht es aufladende Kraftquellen statt auspowerndem Druck. Ich sehe **individuelle Rhythmen statt stets steigende Kurven,** wenn ich

---

22 Liv Strömquist (2021). Im Spiegelsaal. Berlin: avant-verlag, ohne zahlen.

an Female Empowerment denke. Rampenlicht braucht Rückzug – wie die gute alte Actio ihre Contemplatio. Empowerment hat nichts damit zu tun, sich selbst zu überholen und dabei auszubrennen. Mit voller Power ins Game Over.

Das englische Wort **Power** heißt auf Deutsch übersetzt sowohl Macht als auch Kraft. Echtes Empowerment bestärkt dazu, die Kraft in sich selbst zu finden, aber auch nachhaltig zu bewahren und für sich langfristig zu nutzen. Echtes Empowerment funktioniert nicht über Selbstoptimierung, sondern ermächtigt zu Selbstbewusstsein und Souveränität. Es macht Mut für Authentizität statt Druck zur Perfektion. Echtes Empowerment heißt, dass wir uns selbst und gegenseitig darin bestärken, einen **nachhaltigen Nährboden für die Entfaltung unserer Potenziale** zu schaffen. Echtes Empowerment ist Entspannung statt noch mehr Anspannung. Echte Bestärkung und Ermächtigung bringt Dich zurück in die Verbindung zu Dir selbst und lässt Dich warm und weich statt hart und kalt zu Dir selbst sprechen. In der Wärme gedeiht mehr als in der Kälte.

In dem Fall, dass auch Du schon zu Dir selbst gesagt oder gedacht hast, Du müsstest an Dir arbeiten, bitte ich Dich, diesen Vorsatz jetzt auf der Stelle fallen zu lassen. Das Wort „müssen“ – wie auch „nicht dürfen“ – lässt Deinen Blick und Deinen Modus eng und angespannt werden. Was hältst Du davon, wenn Du es stattdessen anders formulierst: „Ich darf, werde und kann für mich sorgen.“ Probiere es doch gerne gleich aus und sage diese beiden unterschiedlichen Sätze (laut) zu Dir selbst, nimm den Unterschied wahr und spüre, wie sehr unser innerer Dialog unsere Selbstwahrnehmung prägt. Ein positiv formuliertes „dürfen, können, wollen“ weitet Deinen Blick, entspannt und holt Dich in das größere Bild von Dir selbst.

Für Deine Bühnen bringt Dir hechelnde Selbstoptimierung rein gar nichts, ganz im Gegenteil: **„Die mächtigste Person im Raum ist die mit dem entspanntesten Atemrhythmus“**, bringt es Caroline Goyder in ihrem TEDx-Talk auf den Punkt. „Relaxed body = confident speaker", gibt sie uns als Bühnenformel mit auf den Weg.[23] Ein entspannter Körper macht eine selbstsichere Sprecherin. In diesem Sinne frage Dich weniger, „was muss ich alles?", sondern mehr „was kann ich alles?", mehr „was darf ich alles?", mehr „was habe ich alles in mir und lasse es raus?" Ziel dabei ist es, dass Du auf Deinen Bühnen nicht gestresst oder gar überwältigt bist, sodass Du Dich danach ausgelaugt fühlst, sondern dass es Dir gut dabei geht – vor, während und auch nach Deinem Auftritt.

Bevor wir uns Deinem Selbstfürsorgeritus widmen, möchte ich noch einen wichtigen Punkt meinem „Entspannung ist das wahre Empowerment"-Plädoyer anhängen: Ich nenne es das Phänomen der Doppelpeitsche. In Hinblick auf gesellschaftliche Rollenbilder rund um Frauen und Bühnen wehen uns widersprüchlichste Erwartungshaltungen entgegen, denen niemand gleichzeitig entsprechen kann. „Dräng Dich nicht zu sehr in den Vordergrund. Das macht schnell unsympathisch. Charmant im Hintergrund, da trittst Du niemandem auf die Füße. So machst Du Dich viel beliebter." – Solche Imperative basieren auf dem Idealbild der zurückhaltenden und unaufdringlichen Frau, die anderen dient und sich selbst im Hintergrund hält. Gleichzeitig und in völligem Gegensatz dazu wird der gesellschaftliche Ruf nach der empowerten Frontfrau immer lauter. Du kannst machen, was Du willst, Du wirst einer dieser widersprüchlichen Erwartungen nicht gerecht werden! Der erste Schritt der Selbstfürsorge muss also sein, Mut und Kraft in uns zu stärken, damit Du Dich von diesen Erwartungshaltungen lösen und entspannt Dein eigenes Ding machen kannst – ganz auf Deine Art.

---

23 Caroline Goyder (2014). The surprising secret to speaking with confidence. TEDx Talk. https://www.youtube.com/watch?v=a2MR5XbJtXU, zugegriffen 6. Juni 2023.

BÜHNEN-MANTRAS ALS SNACK ZWISCHENDURCH

Wenn Du warm und weich, liebevoll und achtsam zu Dir bist, bringst Du diese entspannte, innere Bühnenatmosphäre auf all Deine äußeren Bühnen. Es soll sich weit und frei anfühlen in Deinem Körper, in Deinem Geist, in Deinem Ausdruck. Klingt das nicht wohlig gut? Das NLP (Neurolinguistische Programmieren) spricht von inneren Zuständen und wie wir diese bewusst gestalten und wählen können. Nichts wirkt sich positiver auf Deine Bühnensituation aus als ein positiver innerer Zustand. Mehr dazu im Abschnitt TO YOUR STAGE. Falls Du schon jetzt etwas autosuggestive Kraft für Dich und Deine innere Stimmung nützen möchtest, habe ich Dir ein paar kraftvolle Mantras zusammengeschrieben. Probiere sie also gleich aus und passe sie gerne Deiner eigenen Sprache an, damit sie bestmöglich mit Dir resonieren:

→ Ich bin innerlich entspannt und lasse meine Aussagen in aller Ruhe wie Perlen fallen.
→ Ich habe ein entspanntes Schmunzeln auf den Lippen, wie herausfordernd die Situation auch sein möge.
→ Ich habe die Macht über mich selbst und nutze sie; ich habe die Kraft in mir selbst und nutze sie.
→ Ich bin weit und frei in meinem Ausdruck. Ich bin bei mir und agiere mit innerer Kraft, statt auf äußeren Druck.
→ Ich agiere und gestalte frei und mit innerer Ruhe, statt zu schnell zu reagieren.
→ Ich schaffe mir Zeit und Raum, um bei mir zu sein, um klar und deutlich zu kommunizieren, um achtsam entspannt auf Fragen zu antworten und meine Standpunkte in Ruhe zu veranschaulichen.

Aufregung macht unruhig und nervös. In Situationen, in denen Körper und Geist auf Hochtouren laufen und Höchstleitungen vollbringen, ist es besonders wichtig, beruhigend auf Dich selbst einzuwirken und selbstfürsorglich zu sein. Geh mit Dir in einen liebevollen Dialog und sorge für Deinen Körper, damit es Dir gut geht im Rampenlicht wie auch davor und danach.

WILLKOMMEN ZUM MEHRTÄGIGEN ADRENALINFESTIVAL!

Ein anstehender Vortrag oder Workshop, ein wichtiges Meeting oder eine Präsentation können schon Tage zuvor zu erhöhter Adrenalinausschüttung führen und ein Gefühl von Aufregung, Druck, Enge und Angespanntheit erzeugen. Von vielen Frauen weiß ich, dass sie dann nicht mehr gut schlafen, angespannt sind und dieses Gefühl destruktiv an sich selbst und den ihnen nahe stehenden Menschen auslassen. Leider haben viele von uns eher gelernt, wie wir unter Druck entsprechen und performen, statt vielmehr, wie wir bestmöglich Druck rausnehmen und für uns sorgen. Auch ich muss mich immer wieder daran erinnern und mir besonders in stressigen Zeiten den (Selbst-) Wert der Selbstfürsorge geben. Niemand weiß so gut wie Du selbst, was Dir guttut und was Du für Dich am leichtesten und zielführendsten in Dein Leben integrieren kannst. Ich zum Beispiel bin eher Nachteule und Langschläferin, deshalb aber kein schlechter, optimierungsbedürftiger Mensch, wie ich lange dachte. Ich ging davon aus, dass endlich alles gut werden würde, wenn ich ein Morgenmensch würde, es vor Sonnenaufgang aus dem Bett schaffen würde für tägliche Meditation, Yogapraxis, Tagebuchrituale, einen Becher Grüntee und gesunden Brei. **Idealbild vs. Realität.** Sehr oft schlafe ich, bis mein Mann ruft, dass wir schon wieder viel zu spät dran seien für die Schule. Dann schlürfe ich stillschweigend meinen Cappuccino und plumpse im Anschluss verschlafen auf meinen Schreibtischsessel oder lege mich sogar nochmal kurz ins Bett oder in die Badewanne (mittlerweile kann ich das richtig gut ohne schlechtes Gewissen). Was ich Dir mit dieser Geschichte sagen will? Wir haben Bilder im Kopf, wie wir sein sollen. Es zählt aber nur eins: Du nimmst Dir das, was Du brauchst. Das kann jeden Tag etwas anderes sein. Ganz ohne Zwang und erhobenen Zeigefinger.

WIE DU IN DICH HINEINRUFST, SO KOMMT ES ZURÜCK

Public Speaking ist eine körperliche Angelegenheit. Die meisten international erfolgreichen Stimm- & Rhetorik-Coaches betonen, dass wahre Redekunst damit beginne, sich um den eigenen Körper zu kümmern. Michelle Obamas trainierte Oberarme seien daher kein Zufall, schreibt Viv Groskop, denn eine starke Mitte („a strong core"), gesunde Lungen und eine gute Haltung sind genau das, was Du für Deine Bühnen brauchst.[24] Du kennst wahrscheinlich das Sprichwort „Wie man in den Wald hineinruft, so kommt es zurück." Das Gleiche gilt für Deinen Umgang mit Dir selbst, besonders für den Umgang mit Deinem Körper, in den Du ständig nonverbal etwas hineinrufst mit der Art, wie Du ihn behandelst. Wenn Du gut zu ihm bist, ihn dabei unterstützt, groß und stark zu sein, wenn du für gute Stimmung auf der inneren Bühne sorgst, wird sich diese auf jede äußere Bühne übertragen und sich in Deiner Ausstrahlung genauso wie in der Atmosphäre, die Du für Deine Zuhörerinnen schaffst, zeigen. Zudem findest Du in Deinem Körper wichtigen Halt für Deine Zeit im Rampenlicht als Ausgleich für Deinen in der Vorbereitung meist sehr strapazierten Kopf. Nicht umsonst kommen die besten Einfälle unter der Dusche, beim Laufen

24 Viv Groskop (2018). How to own the room – Women and the Art of Brilliant Speaking. London: Bantam, S. 47.

oder Zähneputzen statt vorgebeugt grübelnd am Laptop. Dein Körper dient Dir als verlässlicher Zufluchtsort, wenn Dein Kopf verrücktspielt, und er ist auch das Instrument Deines Auftritts und sagt mehr als tausend Worte. Wie Du weißt, kommunizieren wir zu etwa 90 Prozent nonverbal. Der verbleibende Rest ist der Inhalt der Wörter, die aus unserem Mund kommen. Wie Du mit Dir selbst sprichst, schwingt in allem mit, was Du verbal und nonverbal von Dir gibst. Deine körperliche Haltung steht in unmittelbarer Wechselwirkung zu Deiner inneren Haltung.

Du sprichst ständig mit Deinem Körper, sei es durch die Art, wie Du atmest, wie Du denkst, wie Du ihn hältst und bewegst, was Du isst, was Du trinkst, wie Du Pause machst, wie Du Dich bewegst, wie viel Ruhe Du ihm gönnst, wie Du auf ihn hörst, wenn **er** zu Dir spricht und Dir **seine** Bedürfnisse mitteilt. Es ist höchste Zeit, dass wir in der Vorbereitung unserer Momente im Rampenlicht nicht nur unserem Kopf und unseren Aussagen Aufmerksamkeit schenken, sondern auch unserem Körper, und dem, was wir verkörpern. Würdest Du Dein Rennpferd an den Tagen vor einem wichtigen Turnier sanft behandeln, pflegen, massieren und ihm liebevoll zureden, oder es mit der Peitsche über den Platz jagen und ihm zurufen, was es alles noch tun und verbessern müsse, was es alles noch nicht könne? Na eben.

Du selbst weißt am besten, was Dir guttut. Im Folgenden möchte ich Dir dennoch ein paar Anregungen geben, wie Du Dir und Deinem Körper etwas Gutes tun kannst, damit es Dir sowohl auf Deinen Bühnen gut geht als auch die Tage davor und danach. Wir stellen sicher, dass Du in der Aufregung Bodenhaftung und Zuversicht behältst und in Deiner Größe bleibst, dass Du nachhaltig mit Deinen Ressourcen umgehst und Dich nicht aus der Ruhe bringen lässt. Du schaust auf Deinen entspannten Zustand, statt Dich zusätzlich aufzukratzen. Du bereitest Deinen Körper liebevoll fürs Rampenlicht vor, damit er sich dort sicher und gelassen zum Ausdruck bringen kann, dass er durchlässig strahlen und in Verbindung treten kann, dass er Dich und Deine Botschaft authentisch verkörpert.

SELBSTFÜRSORGE FÜRS RAMPENLICHT

Bühne heißt **Raum und Größe einnehmen** und gestalten. Du nimmst zuerst Raum und Größe in Dir ein, um dann auf Deinen Bühnen bewusst Raum einzunehmen und in Deiner Größe zu stehen. Bühne heißt **Zeitraum einnehmen:** Du nimmst Zeitraum in Dir ein, um dann wiederum auf Deinen Bühnen bewusst Zeitraum einzunehmen – gelassen in Deinem Rhythmus und ohne es schnell hinter Dich bringen zu wollen. Bühne heißt **in Verbindung gehen:** Du gehst in Verbindung mit Dir selbst, um dann auf Deinen Bühnen in Verbindung mit anderen zu gehen. Raum in Dir. Zeit in Dir. Verbindung zu Dir. Hinter der Bühne genauso wie auf ihr. Jetzt ist der Moment, in dem Du gedanklich Deine Yogamatte auf Deiner Bühne ausrollst und in Deinem Rhythmus Dein Ding machst.

Entspannung als Backstagefürsorge bewirkt nicht nur, dass es Dir im Rampenlicht gut geht, sondern auch Deinen Zuhörerinnen. Bedenkt man, dass deine Worte in ihrem Gedächtnis eine kurze Halbwertszeit haben (leider eine Tatsache), kommt es umso mehr auf die von dir verbreitete Stimmung an. Irgendwann werden sie vergessen haben, was Du genau gesagt hast, aber nicht, wie sie sich in Deiner Gegenwart gefühlt haben. Es ist eine automatische unbewusste Überlebensstrategie von uns Menschen, dass wir andere Menschen in „Freundinnen" oder „Feindinnen" unterteilen. Wenn ich mich bei Dir dank deiner entspannten Stimmung wohl und sicher fühle, dann speichere ich Dich als „Freundin" ab. Wenn Du entspannt bist, gibst Du Deinen Zuhörerinnen indirekt zu verstehen, dass auch sie sich entspannen können – also speichern sie Dich und Deinen Auftritt mit einem positiven Gefühl ab. Das ist doch eine entspannende Vorstellung, oder? Lass die Selbstfürsorge beginnen.

WIE DU DIR UND DEM, WAS IN DIR IST, RAUM UND GRÖSSE GIBST & IN VERBINDUNG MIT DIR SELBST KOMMST:

- **Groß statt klein = Strecker statt Beuger:** Bewegung ist die beste Möglichkeit, um äußerlich wie innerlich groß zu werden, Raum einzunehmen und Deinen Körper in Schwingung und Stimmung zu bringen. Weil Angst in uns die Beugemuskulatur aktiviert, uns also körperlich und damit verbunden auch mental kleinmacht, sorgst Du für Deine körperliche und mentale Größe, indem Du Deine Strecker aktivierst. Erinnerst Du Dich noch an die Power-Posture-Übung auf Seite 50? Wie bewegst Du Dich gerne und nimmst dabei bewusst Größe und Raum ein? Nimm Dir immer wieder ein paar Minuten lang Zeit zwischendurch, um Dich zu dehnen, um weit zu werden – folge Deiner Intuition und strecke und dehne Dich, wie es Dein Körper gerade braucht. Breite Dich in alle erdenklichen Richtungen aus.

- **Die Göttin in Dir:** Kennst Du die Yogapose Die Göttin? Sie verbindet Dich mit der Göttin, die in Dir wohnt, und mit Deiner weiblichen Energie. In einer männlich geprägten Höher-schneller-weiter-Welt brauchen wir viel mehr davon. **Das große Weite in uns** stärkt unser Selbstvertrauen und die innere Kraft. Es öffnet das Tor zu grenzenloser Kreativität und unendlich vielen Ausdrucksmöglichkeiten. Auf zur Göttin in Dir!

Anleitung zur Yogahaltung Die Göttin:

Yogahaltung Die Göttin: Du stellst Dich in die Grätsche, Deine Füße etwa einen Meter voneinander entfernt und etwa 45 Grad nach außen gedreht. Du beugst Deine Beine und setzt Dich mit der Hüfte in die Grätsche hinein. Richte dabei Deine Knie über Deinen Sprunggelenken aus. Zum Schutz Deiner Gelenke ist es wichtig, dass Deine Knie in dieselbe Richtung zeigen wie Deine Zehen. Zum Schutz Deines unteren Rückens, aktivierst Du Deine unteren Bauchmuskeln. Du richtest Dein Becken und Deinen Oberkörper auf, und stellst Dir dabei vor, wie Du durch die Krone Deines Kopfes nach oben wächst. Strecke Deine Arme nach links und rechts auf Schulterhöhe zur Seite, mit den Handflächen nach vorne. Nun beuge Deine Arme, sodass die Hände zur Decke zeigen, Handflächen noch immer nach vorne zeigend. Du öffnest Deinen Brustkorb und lässt den Atem bis tief in Deinen Bauch fließen. Du spürst die Kraft Deiner Oberschenkel, wie sie Dir Halt geben. Du spürst Deine Fußsohlen, Deine Bodenhaftung. Du spürst die Größe und Freiheit Deines Oberkörpers und Deiner Arme. **Unten stark. Oben frei.**

Laut Johann Wolfgang von Goethe brauchen wir zu unserer Entfaltung Wurzeln und Flügel – für beides sorgt die Göttinnenpose. Visualisiere in der Haltung als Göttin, wie aus Deinen Fußsohlen ein breites und tiefes Wurzelgeflecht wächst und Dich mit dem Boden, der Erde verbindet. Nimm wahr, wie Dich die Erde mit Kraft und Ruhe nährt. Um Deine Flügel, Deine Flexibilität, Deine Kreativität und Spontanität bewusst zu spüren, lasse Deine Arme frei wie Flügel fließen, sanft nach vorne und hinten, oben und unten gleitend. Du im Fluss verbunden mit Deiner Umgebung. Bei jeder Einatmung wächst Du aus Deinen Wurzeln in Deine Größe, in Deine Breite, in die Beweglichkeit Deiner Arme, Deiner Flügel. Bei jeder Ausatmung kommst Du innerlich runter, kommst tiefer in Dich hinein. Du bist verwurzelt und gleichzeitig offen, flexibel und fluide. Nimm wahr, wie groß Du bist, wie aufrecht, wie ganz – ganz Du.

- **Zieh Dich in Deine wahre Größe:** Erinnere Dich selbst immer wieder daran, Dich aufzurichten, im Sitzen, im Gehen, beim Warten an der Kasse, beim Zähneputzen, beim Loslegen, wenn Du das Wort ergreifst. Stell Dir dabei vor, wie Du von einem durchsichtigen Faden an der höchsten Stelle Deines Kopfes nach oben gezogen und aufgerichtet wirst. Dein Rücken wird gerade und stark, Deine Schultern schmelzen weich nach hinten. Du räkelst Deine Schlüsselbeine noch weiter in die Länge und nimmst wahr, was das mit Dir und Deiner Aufrichtung macht. Wenn Du diese Praxis in Deinen Alltag integrierst, wird es sich immer natürlicher anfühlen und Du bist auf Deinen Bühnen natürlich aufrecht und zeigst Haltung.

- **Mit Deinem Stage-Song Stimmung in Dir und um Dich verbreiten:** Hast Du ein Lied, das Dir richtig Kraft gibt? Ein Lied, das Dir das Gefühl gibt, Du rockst Dein Leben auf Deine Art? Ein Lied, das Du hörst, um Dich in gute Stimmung zu bringen? Was ist Dein Stage-Song? Dreh ihn laut auf, tanze durch Dein Zuhause oder mit den Kopfhörern durch die Straßen. Steige dabei gedanklich in Deinen bevorstehenden Bühnenmoment ein und nimm in allen Einzelheiten wahr, wie Du mit Deinem Song als Hintergrundmusik die Bühne einnimmst! Durchschreite in Deiner Vorstellung die einzelnen Momente, Textpassagen und Abläufe im Rampenlicht, durchschreite sie in dieser Stimmung Deiner vollen Größe und Stärke. „Dreaming, after all, is a form of planning", sagt uns Gloria Steinem. „You're simply the best", röhrt Dir Tina Turner entgegen, und dieses Mal glaubst Du es ihr. So speicherst Du Deinen bevorstehenden Bühnenmoment sowohl mental als auch körperlich als großartiges Erlebnis ab – als bereits erlebte Erfahrung, die Du dann, wenn der Moment da ist, abrufen und auf Deine Bühne übertragen wirst.

- **Klopf Dich groß und stark!** Kennst Du das Thymusdrüsen-Klopfen? Es ist eine Übung, bei der man durch Klopfen diese Drüse aktiviert, die hinter dem Brustbein liegt. Ich erinnere mich noch genau an das erste Mal, als ich diese Methode zu sehen bekam: während eines kitschig-schönen Sonnenaufgangs beim Burning Man Festival in der Wüste Nevadas, als sich morgens eine Menge Nachtschwärmer Richtung aufgehender Sonne versammelten. Sie schienen sich innerlich aufzurichten und zu sich selbst zu erwachen, indem sie rhythmisch auf ihr Brustbein klopften und dabei leise summten oder sich selbst etwas zuflüsterten. Noch von der Nacht getränkt, war das damals ein echt wahnwitziger Anblick. Denn es braucht Mut, sich (öffentlich) selbst etwas Gutes zu tun. Jetzt möchte ich auch Dich zu dieser illustren Runde einladen, denn Thymusdrüsen-Klopfen bewirkt wahre Wunder, gibt Dir Kraft und Energie für den nächsten Schritt. (Es ist übrigens auch ein idealer Backstage-QuickFix kurz vor dem Schritt ins Rampenlicht.) Probier's doch gleich mal aus! Stell oder setz Dich aufrecht hin, atme einmal tief ein und aus, und beginne dann, Dir zehn bis zwölf Mal rhythmisch und sanft mit den Fingerspitzen oder den abgewinkelten Knöcheln Deiner Finger auf die Mitte des Brustbeins zu klopfen. Du kannst die Aktivierung noch bestärken, indem Du dabei leicht summst, Dich innerlich einem Mantra widmest oder auch einfach so in Stille mit positiven Gedanken zu Dir selbst verweilst. Vor allem, wenn Du einen Großteil

Deines Tages nach vorne gebeugt Richtung Tastatur verbringst, kannst Du Dich zwischendurch immer wieder dem erwachenden Tribe anschließen und Dich groß und stark klopfen – gepaart mit nach hinten gerollten Schultern, einer tiefen Einatmung in den Bauch und einem Schmunzeln auf den Lippen.

WIE DU ZUR RUHE & IN DEINEN EIGENEN RHYTHMUS KOMMST. WIE DU DICH FÜR DEINE BÜHNEN NÄHRST & STÄRKST.

- **Massagen, Meditationen und genügend Schlaf** sorgen für einen ausgeglichenen Körper und einen ruhigen Geist. In ihrer Wechselwirkung entwickeln sie wahre Superkräfte in Dir. Schaffe Dir Ruherituale, die so natürlich wie das Zähneputzen werden. In *Die 1 %-Methode* empfiehlt James Clear, neue an bereits bestehende Gewohnheiten zu knüpfen, damit sie sich leichter und langlebiger integrieren.[25] Besonders die Zeit vor dem Einschlafen ist ausschlaggebend dafür, mit welcher Stimmung und Botschaft Du Dich selbst in den Schlaf schickst, was Du Deinem Unterbewussten zurufst. Versuche doch mal, zwei Stunden vor dem Zubettgehen Deine elektronischen Geräte abzuschalten und analog mit Dir selbst Zeit zu verbringen. In der heutigen Zeit klingt das fast radikal. Erlaube Dir, Dein auf Hochtouren fahrendes System zwischendurch mal runterzufahren. Entziehe Deinem unruhigen Kopf die Aufmerksamkeit, fokussiere Dich auf Deinen Körper, gib ihm Ruhe und Rast. Welche Musik legst Du auf oder behältst Du lieber die Stille bei? Welches

---

25 James Clear (2020). Die 1 %-Methode: Minimale Veränderung, maximale Wirkung – mit kleinen Gewohnheiten jedes Ziel erreichen. [Atomic Habits.] Übers. A. Tschöpe. München: Goldmann.

Licht tut Dir gut? Vielleicht gedämpft, mit ein wenig Kerzenlicht? Sitzt Du, liegst Du oder machst Du vielleicht ein paar ruhige, lange Dehnübungen? Legst Du Dich bei Kerzenschein in die Badewanne oder vielleicht schon mal um 21 Uhr ins Bett? Massierst Du Dir mit einem angenehm duftenden Massageöl Deine Füße, Deine Beine, Deinen Bauch und umhüllst Dich so mit einem wohligen Duft? Je entspannter wir auf unserer inneren Bühne einschlafen, desto entspannter wachen wir auf und desto entspannter sind wir für unsere äußeren Bühnen. Mich entspannt schon allein das Schreiben darüber, und jetzt freue ich mich gerade auf heute Abend. Gönn Dir Deine Momente und lass Dich überraschen, wie gut es Dir tut.

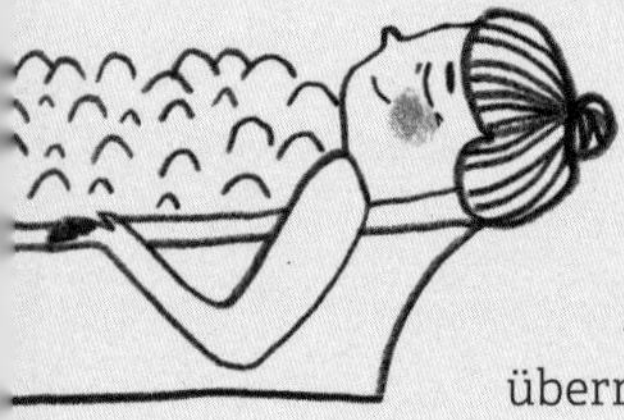

- **Kraft, die in Deinem Rhythmus steckt – die Kraft rhythmischer Kreise.** Licht gibt es nicht ohne Schatten. So ist auch Rampenlicht nicht ohne Rückzug, Performance nicht ohne Pausen möglich, wenn Du Dich nicht langfristig ausbrennen willst. „Ein Baum drückt auch nicht im Dezember noch einen Apfel heraus", habe ich Melanie von Sass sagen hören. Beobachte, welche rhythmischen Kräfte in Dir wirken und wie Du sie für Dich nutzen kannst, damit es Dir im Rampenlicht gut geht. Der **Rhythmus Deiner Atmung** schaukelt Dich in die Entspannung – als kleinmaschigster Kreis –, während der größere Kreis Deines **Schlafrhythmus** für Erholung und Regeneration sorgt. Im Bewusstsein Deines monatlichen, **weiblichen Rhythmus** nutzt Du Deine jeweiligen Phasen und ihre unterschiedlichen Energien für Dein Wohlbefinden sowohl hinter als auch auf der Bühne. Du sorgst für Dich und nutzt die Kraft Deiner rhythmischen Kreise, statt Dich mit einer Höher-schneller-weiter-Linearität, mit dem kollektiven Druck der stets steigenden Kurve, auch noch selbst unter Druck zu setzen.

- **Im Fluss Deiner Lebenskraft = im Fluss Deiner Atmung:** Hast Du schon mal beobachtet, wie Stress und innere Unruhe stets mit flacher Atmung einhergehen? Dann lässt Du die Kraft und Lebensenergie nicht ganz in Dich hinein und agierst nicht ganz aus Dir heraus. Pranayama, die uralte Atemschule des Yoga, lehrt, wie wir uns im Fluss unserer Atmung körperlich und geistig kräftigen können. **Prana ist Atem, die Luft und das Leben selbst.** Pranayama lehrt, wie wir unsere physischen und vitalen Energien wieder ins Gleichgewicht bekommen und dabei unsere Nerven, unser Gedächtnis, unsere Kreativität stärken.[26] All das kannst Du für Deine Bühnen gut gebrauchen. Bewusste Atmung ist die Zauberformel für Deine Entspannung, denn Du kannst Dich immer auf die Kraft Deines inneren Rhythmus verlassen. Mithilfe bewusster, tiefer Atmung und einer Beobachtung Deines Atems kommst Du mit Deinem Körper in Kontakt und holst Deinen galoppierenden Geist in die Gegenwart zurück. Dein Herzschlag, Dein vegetatives Nervensystem beruhigen sich. Widme Dich einen Moment lang dem Fluss Deiner Atmung. Beobachte Deinen Atem, wie er durch die Nase heraus- und wieder hereinfließt. Nimm einen Moment lang ganz bewusst den Fluss Deines Atems und den Wellengang wahr, den er in Deinem Körper erzeugt. Beobachte, wie die Luft durch Deine Nase kommend Raum in Deinem Körper einnimmt, sich ausweitet in der Tiefe und Weite Deines Oberkörpers und wie weiche Wärme im Anschluss wieder aus Deiner Nase strömt. In der Einatmung kommst Du zu Dir zurück; in der Ausatmung lässt Du es aus Dir strömen. Wir sprechen bei der Ausatmung. Daher widmen wir uns jetzt genau diesem Fluss von innen nach außen. Nimm Dir einen Moment Zeit, um diesem Fluss, diesem inneren Wellengang, Aufmerksamkeit zu schenken.

26 Iyengar (2012), S. 14.

Nimm wahr, wie Du nicht atmest, sondern geatmet wirst, wie die Wellen durch Dich hindurchfließen. Unabhängig davon, wie geschäftig Dein Leben im Außen sein mag, in Dir gibt es dennoch einen zeitlosen beständigen Ort, gleich einem ruhigen Gebirgssee, bei dem Du jederzeit Einkehr und einen Ruheort finden kannst. Vielleicht spürst du, wie sich dabei auch Deine Gesichtsmuskulatur entspannt, wie Dein Nacken und Schulterbereich weich und leicht werden, **wie sich Kiefer und Becken entspannen.** Lasse sie mit den Wellen Deiner Ausatmung noch weicher werden und schenke ihnen Weichheit und Wärme. Während der nächsten tiefen Atemzüge folgst Du mit Deiner Aufmerksamkeit dem Rhythmus Deiner Atmung und lässt Dich von ihr an jenen inneren Ort führen, wo Deine tiefen Atemzüge beginnen und enden, wo die Welle endet und von Neuem beginnt. Du nimmst wahr, wie sie dort für einen kurzen Moment zwischen Deiner Ein- und Ausatmung pausiert, um eine neue Atemrunde zu beginnen. Bleib mit Deiner Aufmerksamkeit an diesem Ort, wo Dein Atem zu dieser kleinen Rast findet. Gönn Dir den Fokus auf diese Pause, auf diesen Moment der Stille. Verweile dort. Du brauchst nichts zu tun, sei einfach nur in dem Moment, werde zu einer Beobachterin der eigenen Wellen und der eigenen Stille.

- **Meine Tage bleiben meine Tage:** Unser weiblicher Zyklus ist ein natürlicher, körperlicher Rhythmus von Nach-Innen-Gehen und Nach-Außen-Aufmachen. Was kann ich tun, wenn ich an Tagen, an denen ich mich zyklusbedingt verkriechen möchte und keine Lust auf oder Energie für Menschen habe, eine Präsentation halten muss? Im Sinne der Selbstfürsorge schenken wir jetzt unserem weiblichen Körper und seinem natürlichen Kreislauf die verdiente Aufmerksamkeit. Ich habe mit der Wirtschaftspsychologin und Zyklus-Coach Miriam Stark darüber gesprochen und gelernt, wie wichtig es ist, dass wir in Einklang mit unserem inneren zyklischen Zustand auf unseren Bühnen stehen, dass wir nicht ignorieren, was in uns körperlich vorgeht, sondern uns selbst und unsere physischen Bedürfnisse wahrnehmen und mitdenken. Gleich vorweg: Wir können in allen Phasen auf die Bühne, nur möchte ich Dich dazu animieren, mehr in Verbindung mit dem eigenen inneren Rhythmus zu kommen und dafür zu sorgen, dass es Dir in allen Phasen auf Deinen Bühnen gut geht. Die folgenden Phasenzuschreibungen gehen von einem Idealzustand aus, der dann gilt, wenn man sich in der jeweiligen Phase wohlfühlt, und Unwohlsein ist eine Möglichkeit, diesem Hinweis des Körpers nachzugehen.

- 1. Phase – Follikelphase: Dank des hormonellen Aufschwungs des Östradiols steckst Du voller neuer Energie – ideal, um mit Leichtigkeit planerisch aktiv zu sein, neue Inhalte zu lernen und spielerisch-neugierig Vorträge zu gestalten. **Du läufst kognitiv auf Hochtouren** und daher gehen jetzt auch ungeliebte administrative Tätigkeiten leichter von der Hand.

- 2. Phase – Eisprung: Natural Born Rampenfrau! Du stehst im Zenit Deiner Östradiolzeit. Jetzt fallen Vorträge, Präsentationen, Momente im Rampenlicht besonders leicht. Auch Konflikte und unangenehme Gespräche fallen leichter als sonst. Für viele Frauen ist das die Phase, in der sie sich selbst am attraktivsten fühlen. **Selbstbewusstsein on Stage.** Nichts wie raus ins Rampenlicht, denn Du strahlst.

- 3. **Phase – Lutealphase:** Das Zyklushormon Progesteron führt Dich in Deine Innenwelt zu eher inneren Themen. Du hast jetzt einen besonderen Zugang zu Deiner Kreativität und Intuition, kannst also genau damit Dein Publikum verzaubern. Lasse Dich dabei aber auf keinen Fall zu sehr kognitiv unter Druck setzen: lieber weniger grübeln und weniger über den Kopf lösen wollen. **Intuitive Kreativität statt verkrampfter Kopfgeburten.**

- 4. **Phase – Menstruation:** Man könnte meinen, dies sei nicht die Zeit fürs Rampenlicht. Das stimmt so aber nicht. Sorge gut für Dich, schaffe Dir Ruhepausen und nähre Dich gut. Sorge dafür, dass Du Deinen Vortrag auf die Art und Weise halten kannst, wie es Dir guttut: Vielleicht lieber im Sitzen als im Stehen (oder aufgrund möglicher Krämpfe gerade im Stehen)? Lieber ein Rednerpult statt frei? Lieber weniger grelles Bühnenlicht? Vertraue auch hier auf Deine Intuition und lasse Dich von ihr durch den Vortrag leiten. Aufgrund des allgemeinen hormonellen Tiefstands hast Du mehr **Klarheit im Kopf** darüber, was wichtig ist und was eben nicht. Du kannst diesen Blick fürs Wesentliche jetzt pointiert für Dich und Deine Auftritte nutzen.

Bedenke bitte bei all diesen Beschreibungen, dass jeder Körper, jede Frau anders ist. Ich möchte, dass Du dieses wertvolle Wissen um die Dynamiken in unseren Körpern nutzen kannst, um Dich selbst und Deine Bedürfnisse näher kennenzulernen und noch bewusster auf Dich achten zu können. Wenn Du auf Dich hörst, stehst Du wie ein sprudelndes Orakel auf der Bühne – mit einem fluffig wohligen Gefühl. Und genau das wünsche ich Dir.[27]

- **Wurzeln zum Wurzeln. Wasser für den Flow:** Wenn Du vor Aufregung fast abheben und den Boden unter den Füßen verlieren könntest oder wenn Dir im Adrenalin-High Dein natürliches Hungergefühl abhandenkommt, dann geht nichts über Wurzelkraft. Wurzeln nähren und erden. Wenn ich gut zu mir bin, esse ich Wurzeln – seien es Kartoffeln, wie früher in meiner Kindheit mit viel Butter und Salz, sei es alles, was es an Wurzeln gerade gibt: rote Rüben als weibliche Kraftquelle, Sellerie, Karotten, Wurzelpetersilie, Schwarzwurzeln ... Der Zunge ist da keine Grenze gesetzt. Am liebsten werfe ich alle vorrätigen Wurzeln in den Suppentopf und püriere mir meine „Roots on Stage"-Suppe, wenn ich gute Erdung und kräftigende Sättigung für die Bühne brauche. Um im Flow zu sein, stimmst Du Deinen Körper als Dein Instrument am besten mit viel, viel Wasser. Deine Stimmbänder haben es gerne feucht und wohlig warm – weder zu heiß noch zu kalt. Ich trinke in aufregenden Zeiten fast ausschließlich abgekochtes, warmes Wasser – ein Klassiker der ayurvedischen Ernährungslehre. Je länger Du es aufkochen lässt, desto zarter wird es im Geschmack.[28] Unterwegs bestelle ich „Tee ohne Teesackerl" und bekomme auf diese Art immer den nötigen Balsam für meine Stimmbänder. Ich vermeide Getränke mit Kohlensäure – der Albtraum des Rülpsers on Stage. Genauso vermeide ich auch möglichst Kaffee und zuckerhaltige Getränke kurz vor einem Bühnenmoment: Zucker trocknet laut Ayurveda den erhitzten Körper noch

---

27 Danke, Miriam Stark, für diese Einblicke!

28 Und nein, das ist keine Einbildung, wie manche behaupten, denn das Kochen löst den Kalk, sodass er sich absetzt. Das Wasser wird also wirklich weicher.

zusätzlich aus, zudem versetzt er wie Koffein den Körper noch zusätzlich in Aufregung, wir wollen aber innere Ruhe und Flow. **Wurzeln und warmes Wasser** sind daher meine Devise für die Körpersprache zu Dir selbst – die Art, wie Du in den Körper hineinrufst, kurz bevor es aufregend wird.

Voilà, das waren nun viele Möglichkeiten, um mental und körperlich selbstfürsorglich zu sein. Bitte versprich mir, dass Du aus den Anregungen in diesem Kapitel keine strenge To-do-Liste erstellst, sondern Dir Inspiration holst für Deine ganz persönlichen Rampenlicht-Fürsorge-Gewohnheiten, die Dich mit Kraft aufladen und in Deine wahre Größe bringen. Weniger ist auch hier wieder mehr. Ein paar einfache Gewohnheiten, die Du Dir immer wieder gönnst, bringen Dir mehr als kurzfristige Großoffensiven. Sei also in der Gestaltung und Auswahl Deiner Rituale nährend und stärkend zu Dir selbst statt ein selbstzündender, schnell brennender Feuerball. Ich spreche da aus eigener Erfahrung. **Oh-oh-oh, I'm on Fire!**

Wie sorgst Du für Dich, damit Du mental und körperlich in Deiner Kraft bist und bleibst?
Wie sorgst Du für Deine innere Ruhe und Entspannung, wenn es außen aufregend ist?

Rampenfrauen-EHRENWORT SELBSTFÜRSORGE STATT SELBSTLOSIGKEIT

In meiner Rampenfrauenvision bestärken wir uns gegenseitig in der Selbstfürsorge und lassen dadurch neue Frauenbilder, neue wohltuende Idealbilder entstehen. Wir unterstützen uns dabei, mental und körperlich oben zu bleiben statt gedanklich nach unten zu rutschen. Wir erinnern uns gegenseitig daran, dass wir es wert sind, für uns selbst zu sorgen. In unserer patriarchal geprägten Gesellschaft wird leider immer noch oft die stoisch (er-)tragende, selbstlose Frau als Ideal hochgehalten – teils medial oder direkt kommuniziert, teils subtil spürbar, aber nicht greifbar. Dadurch entsteht eine toxische Dynamik – als diametrales Gegenteil zur gegenseitigen Bestärkung in der Selbstfürsorge: der Druck, dem selbstlosen Ideal zu entsprechen. Der ist leider auch unter Frauen spürbar, wenn sie mit dem eigenen Martyrium und Postulat der Selbstlosigkeit anderen Frauen subtil zu verstehen geben, es ihnen gleichtun zu müssen, sich selbst nicht zu wichtig zu nehmen, zuerst an alle anderen und nicht an sich selbst zu denken, um „gut" zu sein.

Selbstlosigkeit wurde viel zu lange als hingebungsvolle Liebe und Fürsorge, als weibliches Ideal missinterpretiert. Es ist **höchste Zeit, dieser Selbstausbeutung ein Ende zu setzen, höchste Zeit für Fürsorge und Liebe für uns selbst, höchste Zeit, dass wir uns darin gegenseitig bestärken und uns nicht dafür beschämen.** Höchste Zeit, dass wir das als Mütter unseren Töchtern vorleben. Es ist eine lebenslange Aufgabe, diese Selbstfürsorge und Deinen eigenen Safe Space zu verteidigen – niemand sonst macht das für Dich. Es liegt an Dir, Grenzen zu setzen und Nein den vielen To-dos unseres modernen, schnellen Lebens zu sagen. Ein Ja zu Dir selbst. Es hat lange gebraucht, bis ich mir dessen bewusst wurde, und ich übe mich ständig darin, mir das auch selbst zu erlauben.

Jetzt bitte ich auch Dich um Dein Rampenfrauen-Ehrenwort, denn besonders in dieser Sache braucht es jede Einzelne von uns: Ich bitte Dich um Dein Ehrenwort, dass Du auf Dich selbst achtest. So sorgst Du für Dich und legst gleichzeitig einen Mosaikstein für ein neues Frauenbild, denn nur so kann ein **neues Idealbild** entstehen, das sich **nicht länger an Selbstlosigkeit und Selbstausbeutung, sondern an Selbstachtung und Selbstfürsorge orientiert.** Erstere haben Frauen in der Geschichte lange genug klein, unsichtbar und machtlos gehalten hat. Selbstfürsorge ist also auch Fürsorge für andere und eine authentische Art, ein Vorbild für andere zu sein. So sorgen wir für uns selbst und füreinander.

MUTIG VORNE, NICHT ANGSTGEBREMST HINTEN*

Inklusive Lampenfieber- & Selbstzweifel-QuickFix

Alle Blicke sind auf Dich gerichtet. Viele Augenpaare schauen Dich an, voller Erwartungen. Du vorne ganz allein. Was macht das mit Dir? Liebst Du diesen Moment und hast ihn schon lange herbeigesehnt? Möchtest du am liebsten davonlaufen? Meistens ist es wohl irgendetwas dazwischen. Wie machen sich bei Dir Bühnenangst oder Lampenfieber bemerkbar? Zittern Deine Hände? Zieht sich Dein Bauch zusammen? Wird es trocken und eng im Mund? Weiche Knie? Rote Flecken an Hals und Dekolleté? Nagen Selbstzweifel an Deiner Zuversicht? Bereust Du es, Dir das anzutun?

WOVOR HAST DU ANGST, WENN DU VOR MENSCHEN SPRICHST?

Hier ein paar Antworten aus dem Frauenzimmer und von der Women on Stage!-Community auf die Frage:

→ Davor, Blödsinn zu reden, mich zu blamieren, ausgelacht zu werden.
→ Dass ich langweile.
→ Dass sie denken, dass ich mich nicht auskenne.
→ Dass ich plötzlich nicht mehr weiterweiß. Mich zu verzetteln.
→ In Ohnmacht zu fallen.
→ Vor Stottern, Atemlosigkeit, Kontrollverlust.
→ Dass ich Fragen nicht beantworten kann.
→ Davor, was sie über mich reden, was sie sich gegenseitig zuflüstern könnten, während ich vorne stehe.

Wenn Du Dich exponierst, machst Du Dich verletzlich. Du verlierst Deine Deckung. Wenn Du Dich dabei auch noch wirklich zeigst, wenn Du Du selbst bleibst und das sagst, was Du wirklich sagen willst, ohne den Fokus auf den Erwartungen anderer zu haben, bist Du gleich noch eine Spur waghalsiger. Wenn Du auf Deinen Bühnen **greifbar** sein willst, wirst Du dadurch auch **angreifbar.** Es gibt ein Schutzsystem in Dir, das Dich genau vor dieser Verletzlichkeit, vor dem Ausgeliefertsein schützen will. Es will Dich vom Verlassen Deiner sicheren Komfortzone abhalten. Es hetzt Selbstzweifel auf Dich, die an der Grenze Deines sicheren Bereichs Wache stehen. Sie würden immer lauter, je näher Du Dich an diese Grenze wagen würdest, beschreibt es

Tara Mohr.[29] Dieses Schutzsystem jagt Adrenalin durch Deinen Körper, um ihn für diese Gefahrensituation zu wappnen.

LET'S TALK ABOUT ANGST, BABY!

Angst hat viele Gesichter. Sie kennt die Spielarten, die bei Dir wirken, um Dich bestmöglich vor Angreifbarkeit zu schützen. Sie kann Dir mit gehässiger Selbstkritik ins Gesicht fahren, sie kann sich subtil mit leisen, nagenden Selbstzweifeln von hinten anschleichen, sie kann Deine Knie zum Schmelzen, Deine Hände zum Zittern, Deine Stimme zum Beben, Deine Gedanken zur Implosion bringen. Dem kleinen Mädchen in mir machte es lange Zeit große Angst, auf Menschen zuzugehen oder vor Menschen sprechen zu müssen. Ich versteckte mich hinter meiner in Windeln watschelnden jüngeren Schwester, als wir uns abends vor dem Zubettgehen bei den Gästen unserer Eltern im Esszimmer verabschieden mussten. Innerer Panikmodus, in dem Moment, in dem meine Schwester die Küchentür Richtung hell erleuchteter Menschenrunde aufmachte, der Lichtkegel auf uns fiel und uns alle anstarrten.

Es ist nicht leicht, als introvertierte Seele in einer extrovertierten Persönlichkeit zu stecken: Es herrscht ein ambivalentes inneres Kräfteringen zwischen Nach-vorne-Preschen, Es-krachen-Lassen und dem In-die-innere-Höhle-Wollen. Zwischen jugendlichem Draufgängertum und dem Sich-nicht-mal-in-die-Richtung-der-coolen-Jungs-in-der-Schule-schauen-trauen-und-mit-Blick-fest-am-Boden-an-ihnen-Vorbeigehen. Zwischen der Angstüberwindung, dem Kick des Mutes und dem Sich-verstecken-Wollen. Manchmal träume ich unmittelbar vor dem Schritt ins Rampenlicht von einem **Leben unter der Bettdecke mit Zimtschnecken.** Sind wir uns selbst gegenüber wie übervorsichtige Helikopter-Mamas, indem wir uns vor

---

29 Mohr (2014), S. 10.

den Risiken der Exponiertheit schützen und es dann oft lieber doch nicht wagen? Wie kann ich das kleine Mädchen (in mir) bestärken, mutig zu sein, Situationen, die sich unsicher anfühlen, nicht zu meiden, sondern mit Zuversicht anzugehen? Ich möchte ihr nicht alle erdenklichen Risiken aus dem Weg schaufeln, sondern vermitteln, dass Angst dazu gehört, dass Angst eine menschliche Reaktion ist, aber dass wir selbst entscheiden, ob unsere Angst oder unser Mut das letzte Wort hat. Osho schreibt: „Der Unterschied zwischen einem mutigen Menschen und einem Feigling liegt nicht darin, dass der Mutige keine Angst hat und der Feigling sich fürchtet. (...) Beide haben Angst. (...) Der Unterschied liegt darin, dass der Mutige trotz seiner Angst weitergeht, während der Feigling sich von seiner Angst hindern lässt. (...) Jeder Mensch trägt in sich beide Möglichkeiten: Angst und Mut."[30]

Sich authentisch zu zeigen, sei ein täglicher Akt der Kühnheit, beschreibt es Brené Brown, weil man sich mutig den Risiken der Blamage, Kritik und zynischer Herabwürdigungen stelle.[31] Wäre es aber nicht ein viel höheres Risiko, wenn man sich und alles, was in einem stecke, vor der Welt verstecke, fragt sie weiter. All das Unausgedrückte verschwände nicht einfach, sondern knabbere tagein, tagaus an unserem Selbstwert, brächte Frustration, Selbstvorwürfe und Verstimmung mit sich, um uns daran zu erinnern, dass wir der Person, die wir seien, nicht freien Lauf gelassen hätten. Statt uns selbst zu zähmen, sollten wir also lieber unsere Angst zähmen; statt den Fokus auf **Risikovermeidung** zu setzen, sollten wir lieber den Blick Richtung **Selbstverwirklichung** richten, sollten wir unsere inneren und äußeren Ressourcen dorthin verlagern.

---

30 Osho (2008). Angst – Die Unwägbarkeiten des Lebens verstehen und annehmen. München: Goldmann, Vorwort.

31 Brown (2010), S. 53.

Mich hat es einen großen Schritt weitergebracht, Angst nicht länger als destruktive Bremse zu empfinden, sondern in ihrer konstruktiven Schutzfunktion verstehen zu lernen. Man könne Angst nicht meistern, denn das würde bedeuten, sie zu unterdrücken, sodass sie letztlich in anderen Formen aus den Untiefen wieder auftauchen würde, erklärt es Osho.[32] So könne nur das Verständnis eine Veränderung bringen, nichts anderes. Es gelte, sie anzunehmen, statt gegen sie anzukämpfen, und zu lernen, gemeinsam mit ihr auf die leere Tanzfläche tanzen zu gehen, gemeinsam mit ihr das Podium zu betreten und das zu sagen, was man wirklich sagen wolle.

ANGST VERSTEHEN: SIE MEINT ES GUT MIT DIR

Exponiertheit bedeutete schon immer Gefahr. Früher in unserer menschlichen Entwicklung waren es vorwiegend die physischen Gefahren weiter ungeschützter Flächen, wie wilde Tiere, gegnerische Stämme, überwältigende Naturereignisse. Ohne Rückendeckung unseres Stammes, ohne Versteckmöglichkeiten waren wir ausgeliefert. Sie konnten uns angreifen, verletzen, gar töten.

Die Exponiertheit der Bühne bedeutet zwar keine physische Gefahr, denn niemand beißt Dich hier, niemand schießt Dir eine Speerspitze in den Oberschenkel, aber ungefährlich sind Bühnen trotzdem nicht: Sich zu zeigen ist ein verletzlicher Akt, denn eine Zuhörerin könnte kritische Fragen stellen und Dich bloßstellen, der Sitznachbarin einen gehässigen Kommentar zuflüstern, sich im Nachhinein mokieren über das Gesagte. Das sind zwar keine lebensgefährdenden körperlichen Verletzungen, doch auch soziale, zwischenmenschliche Speerspitzen gehen tief und tun weh. Keine wilden Tiere, sondern

32 Ibid.

wilde Gesichtsausdrücke, keine gegnerischen Stämme, sondern gegnerische Kommentare, keine Ausgrenzung aus dem Tribe nach einem Fehler, sondern Blamage, potenzieller Imageschaden oder Gesichtsverlust in Deiner Community.

Angst will Dich seit jeher vor genau diesen Gefahren der Exponiertheit schützen. Sie meint es gut mit Dir. Sie ist eine übervorsichtige Dramaqueen, die die altbewährten Geschütze der Savanne auffährt, um Dich in emotionaler und sozialer Sicherheit zu wissen. Sie unterscheidet nicht zwischen echten und sozialen Speerspitzen, zwischen physischer und emotionaler Bedrohung. Sie unterscheidet nicht, ob die Gefahr real oder nur potenziell ist. Ob Du einer Löwin in der weiten Savanne ausgeliefert bist oder einem kritischen Kommentar einer Deiner Zuhörerinnen, macht für sie keinen Unterschied in ihrer Wucht und irrationalen Überreaktion. Unser Gehirn, unser Nervensystem reagieren noch exakt wie damals. Angst geht zur Sicherheit vom schlimmsten Fall aus und reagiert auf das, was dann geschehen könnte. Sie kann sich daher auch ziemlich gut Horrorszenarien ausmalen und ist im Hinblick auf Deine Bühnen stets – ungefragt – zur Stelle, sobald ihre feingetunten Fühler auch nur die geringste emotionale oder soziale Bedrohung wittern. Wir verdanken ihr, dass wir als Menschheit noch nicht ausgestorben sind, aber auch, dass wir an der Grenze unserer Komfortzone vor dem Schritt in die Exponiertheit zurückschrecken. So wagen wir dann oft den entscheidenden Schritt doch nicht oder sind dabei so unentspannt, dass wir nicht mehr wir selbst bleiben können, sondern unser Nervensystem unser Bühnendrehbuch schreibt.

Es liegt also nicht an Dir, wenn es sich schwierig anfühlt, denn Du hast es mit einem übermächtigen, seit Jahrtausenden trainierten Überlebensautomatismus zu tun. Mit vielen Frauen arbeite ich genau an diesem entscheidenden Schritt, in dem wir die Angst als natürlichen Schutzreflex annehmen und trotz weicher Knie weitergehen. Oft ist es nur dieser eine mutige

Schritt in die vermeintlich „gefährliche" Situation, dieser eine Schritt aus dem sicheren Komfort – danach geht der Rest oft wesentlich leichter als gedacht. **Die Angst will Dir ein Schutzschild vorhalten, während Dich der Mut darin bestärkt, Dich zu zeigen und angreifbar zu machen.**

Wir nehmen unter die Lupe, was die Angst mit Deinem Körper macht und wie Du mit diesem Lampenfieber umgehen und es als Energie positiv für dich nutzen kannst. In der Folge erfährst Du, was sie mental mit Dir macht, wie sie Selbstzweifel und Selbstkritik als Sprachrohr benutzt, um Dich in der „Abteilung für Risikovermeidung" zu verbeamten und Dich nicht an die „Abteilung für Selbstverwirklichung" zu verlieren (ich liebe diese Bezeichnungen Tara Mohrs).[33]

Die Angst hat den Körper im Griff. Wir sorgen für Deinen Körper. Die Angst hat den Geist im Griff. Wir sorgen für Deinen Geist. **Du** hast das letzte Wort – nicht Deine Angst. Zuallererst sagen wir aber noch danke. Wie Du ja weißt, ist Dankbarkeit ein machtvolles mentales Tool und bringt uns Selbstbestimmung und Selbstwirksamkeit zurück:

DANKE, ANGST!
ICH WEISS, DU WILLST MICH SCHÜTZEN & MEINST ES GUT MIT MIR. DOCH ICH BIN BEREIT FÜR DAS RISIKO ‚BÜHNE'. ICH MACHE DA JETZT MEIN DING, SO WIE ICH MIR DAS IN MEINEN TAGTRÄUMEN VORGESTELLT HABE.

Sag das gerne als affirmatives Mantra vor Dich hin, wenn Dich die Angst wieder einmal in den Griff bekommen will. Ver-

33 Mohr (2014), S. 9.

gewissere Dich Deines Muts. Wusstest Du, dass Jim Morrison von der 1960er-Kultband The Doors während seiner ersten Konzerte angeblich mit dem Rücken zum Publikum auf der Bühne sang, weil er zu schüchtern war, sich zum Publikum zu drehen?

Niemand wird als Rockstar geboren, aber Du kannst es immer wieder aufs Neue wagen, Dich vorne hinzustellen und das rauszulassen, was in Dir ist. „Riders on the storm", sang Jimi – lass uns die Riders on Stage sein.

LAMPENFIEBER: WILLKOMMEN AUF DEINER ADRENALINPARTY

Angst in Verbindung mit einer unmittelbar bevorstehenden Bühnensituation macht sich mittels Nervosität und Aufregung bemerkbar. Das Ausmaß dieses Lampenfiebers ist von Mensch zu Mensch, wohl auch von Situation zu Situation unterschiedlich. Lampenfieber ist ein vorübergehender Angstzustand, manche bezeichnen es auch als Erwartungsstress. Es gehört zu Bühne wie Erholung zu Urlaub und ist eine wichtige Energie, die Kraft und Fokus gibt, für die nötige körperliche Kraft sorgt. Lampenfieber ist eine natürliche Reaktion und bedeutet körperliche und geistige Anspannung vor einer anspruchsvollen Aufgabe. Sie animiert zu höchster Aufmerksamkeit und Konzentration. Unabhängig von der Intensität ist der Auslöser dieser körperlichen Reaktion immer der gleiche und ein ganz natürlicher Prozess unseres Nervensystems.

Um uns selbst und dieses körperliche Geschehen in uns besser zu verstehen, machen wir einen kurzen Abstecher zu unserem vegetativen Nervensystem: Es steuert sämtliche unbewussten und unkontrollierbaren Vorgänge im Körper. Dabei entscheidet es nach eigenem Gutdünken über Deine Durchblutung, Körperflüssigkeiten, Herzfrequenz, Atmung, Verdauung und das vordergründige Bühnenthema: das Erröten.

Die folgenden zwei Anteile des vegetativen Nervensystems teilen sich diese Arbeit: Der Parasympathikus ist zuständig fürs Runterkommen und Erholen, während der Sympathikus Deine Leistung steigert. Je nachdem, ob dieses interne System Deine jeweilige äußere Situation als geborgen (mit Zimtschnecke) oder aufregend interpretiert (mit Mikrofon), wird entweder der Parasympathikus aktiv, um Dir bei der Entspannung und Regeneration zu helfen, oder eben der Sympathikus, der Dich mit allem Nötigen versorgt, um gut gerüstet in Aktion zu treten. Die Bühne ist dementsprechend der Inbegriff eines Call-to-Action für Deinen Sympathikus. Er blendet Ablenkung aus und fokussiert Deine Kraft: Wachheitsgrad, Konzentration und Reaktionsvermögen werden gesteigert. Du erkennst seine gut gemeinte Arbeit daran, dass Herzschlag und Blutdruck ansteigen, dass das Gehirn stark durchblutet wird, sich die Muskeln anspannen. Oft viel zu viel Energie und geballte Kraft für einen im Vergleich harmlosen Moment. Zittern. Trockener Mund, weil keine Energie mit der Produktion von Körperflüssigkeiten verschwendet wird. Die Nebennieren schütten vermehrt das Stresshormon Adrenalin aus. Ein Blick auf unsere evolutionäre Entwicklung zeigt, dass das schon immer so war und wohl immer so sein wird. Der Sympathikus sorgt für unsere Sicherheit mit seiner altbewährten Kampf-oder-Flucht-Reaktion **(Fight-or-Flight).**

WIE NIMMST DU DAS IN DEINEM KÖRPER WAHR?

Antworten aus dem Frauenzimmer und der Online-Community:

- Ich muss aufs Klo.
- Mir wird schlecht.
- Ich bekomme schlecht Luft und mir wird schwindelig.
- Stimme, Hände, Beine zittern.
- Herz flattert, ich bin flach- und kurzatmig.
- Ich habe das Gefühl, keinen Boden unter den Füßen zu haben.
- Ich friere bis in die Knochen.
- Ich schwitze.
- Schon Tage davor bin ich gereizt.

Allesamt übliche, natürliche körperliche Reaktionen. Fast alle, auch Bühnenprofis, haben Lampenfieber. Von einer Theaterschauspielerin weiß ich, dass die meisten vor dem Auftritt noch aufs Klo drängen. Die Vorstellung einer Schlange an Schauspielerinnen vor der Toilette neben der Bühne, weil sich auch erfahrene Bühnenmenschen sonst kurz vorher in die Hose machen würden, beruhigt mich ungemein. Wenn es im eigenen Bauch rumort, denke ich daran und es bewirkt sofort ein wohltuendes „Ich bin damit nicht allein"-Schmunzeln. Ich hoffe, es hilft auch Dir.

Es gibt übrigens in Ergänzung zu Fight-or-Flight auch noch eine weitere mögliche Stressreaktion: **Freeze** – bewegungsloses Erstarren gepaart mit einer Hyperaufmerksamkeit in der Hoffnung, vom Raubtier übersehen zu werden; eine derartige Furcht, die die Muskeln lähmt. Auch diese Überreaktion birgt

Herausforderungen in sich: Stell Dir eine Präsentation vorm Aufsichtsrat vor, inklusive einem körperlichen Erstarren mit weit aufgerissenen Augen im Moment der kritischen Frage nach dem Budget für das soeben präsentierte Projekt.

Für den Fall, dass auch Du eine Tendenz zur Angststarre kennst, etwa mit Gedächtnislücken verbunden, sehr trockenem Mund und dem Gefühl, dass kein Wort aus dem Mund kommt, wollte ich auch auf diese mögliche Reaktion hinweisen. Es kann sein, dass Du dann nicht Hitze, sondern Kälte im Körper empfindest. Frauen, die davon betroffen sind, wird in Bühnenmomenten oft bis in die Knochen kalt. Sie frieren und brauchen innerliche und äußerliche Wärme, Ingwertee und Angora-Body.

Lass uns herausfinden, wie sich das Adrenalin auf Deinen Körper auswirkt. Ziel dabei ist es, dass Du weißt, wie Du diese freigesetzte Energie als erhöhte Leistungsfähigkeit für Dich nutzen kannst, statt Dich von ihr überrollen zu lassen.

Der Angriffsmodus **(Fight)** etwa bringt eine Haltung mit sich, in der Du alles andere als entspannt mit dem Publikum verbunden und empathisch auf deren Fragen reagierst, sondern vielmehr jede Frage als Angriff empfindest und dementsprechend uncharmant drauflosgehst. Man redet viel zu schnell, ist hektisch und unfähig, den jeweiligen Moment und die Mitmenschen zu erfassen. Dein Körper ist auf Angriff getrimmt, und auf Verteidigung gegen jeden erdenklichen oder erdachten kleinen Angriff seitens des Publikums.. Das zeigt sich etwa in einer angespannten, aufgeplusterten Körperhaltung, in einem lauten, harten Ton, in einem schnellen Staccato und einer „Wehe Du fragst mich etwas"- oder „Wehe Du widersprichst mir"-Mimik. Die **Soldatin on Stage** – in voller körperlicher, sprachlicher und mimischer Kampfmontur. Angriff ist die beste Verteidigung, so ihr Credo. Aggressive oder defensive Reaktionen auf Zwischenfragen, auf alles Unerwartete abseits ihres Skripts statt bedachter, angemessener Antworten.

Bin ich im Fluchtmodus **(Flight)**, will ich die Sache schnell hinter mich bringen, eigentlich will ich gar nicht da sein und entschuldige mich bereits zu Beginn für etwas und verweise darauf, dass ich mich kurzhalten werde. Oft paart sich das mit der Sorge, nicht zu viel sein zu wollen, also mit dem inneren Vorsatz, bloß nicht zu viel (Zeit-)Raum einzunehmen. Das zeigt sich oft in einer leisen, zurückgehaltenen bzw. unterdrückten Stimme, in einer zurückgezogenen Körperhaltung (hochgezogene Schultern, viele Beuger, die mich kleinmachen) und der Positionierung on Stage (eher auf der Seite oder weiter hinten, nicht voll Raum im Zentrum einnehmend und sich sichtbar machend), in einem schwachen Ton, in wenig und flüchtigem Blickkontakt. Im Fluchtmodus setze ich alles daran, möglichst unsichtbar und unauffällig sowie schnell wieder weg zu sein: **Geist on Stage.**

Sowohl im Angriffs- als auch im Fluchtmodus kann es passieren, dass Du viel zu schnell auf Deiner Bühne wirst: schnelle Bewegungen, hohe Sprechgeschwindigkeit, schneller Abgang (zum wohltuenden Massageapplaus, den Du dadurch verpasst, kommen wir noch). Du hast einen verschwommenen Höchstgeschwindigkeit-Tunnelblick und siehst Dein Publikum eigentlich gar nicht richtig. Es kann sein, dass Du danach richtig erschöpft bist. Du hast es so schnell durchgezogen, um es hinter Dich zu bringen, statt die Zeit im Rampenlicht im Sinne Deiner Botschaft voll auszukosten, dass Du danach keine Ahnung mehr hast, was Du eigentlich gesagt hast. Dabei darfst und sollst Du Dir auf Deiner Bühne Zeit gönnen. Schließlich stehst Du dort, um etwas Dir Wichtiges zu sagen.

Tendierst Du dazu auf der Bühne zu erstarren **(Freeze)**, zeigt sich das körperlich in einem harten Muskeltonus und eckiger, kantiger (Körper-)Sprache, also das Gegenteil von den weichen, fließenden körperlichen und sprachlichen Bewegungen, die Du vielleicht gerne hättest. Du wirst Dich dann wohl kaum bewegen, kaum Abwechslung haben im Blickkontakt, kaum gedanklich flexibel sein – also auch inhaltlich in einer Skriptstarre verharren mit keinem Raum für Spontanität. Im Gegenteil: Alles Spontane und Unvorhergesehene lässt Dich noch mehr versteinern – **Fels on Stage** (als Gegenteil von Rock on Stage).

Ziel ist es daher, dass wir uns nicht von unseren Urinstinkten steuern lassen, sondern uns und die Art, wie wir vorne stehen, selbstbestimmt gestalten und uns bewusst entfalten. Du entkräftest die evolutionären Überreaktionen in Dir und holst Dir Deine eigene Gestaltungsmacht zurück. Denk daran: Die innere Bühne gehört Dir – und zwar nur Dir!

HOLISTISCHER LAMPENFIEBER-QUICKFIX

Es geht gleich los. Jetzt geht's darum, Dein Lampenfieber kurz vor Deinem großen Moment zu bündeln, um die darin versteckte Superkraft für Dich zu nutzen und die kribbelige Freude dabei zu genießen. Mir geht es darum, dass Du den Schritt ins Rampenlicht ganz bewusst setzt und Dir vorher einen Moment für Dich nimmst, um Dich innerlich und körperlich so auszurichten, dass es Dir beim **Step on Stage** und im Rampenlicht gut geht und Du eine gute Zeit dabei hast.

Hier ein paar hilfreiche Übungen bei Lampenfieber, die die Teilnehmerinnen nach meinen zweitägigen Seminaren meist so verinnerlicht haben, dass der Schritt ins Rampenlicht richtig freudvoll wird. Such Dir eine ruhige, ungestörte Ecke, und sei es die Klokabine. Dieser Rampenfrauen-QuickFix geht sich auch dort aus und ist das Zen-Destillat, die Speerspitze der Speaking Journey. Du bist Deine Speaking Journey. Du hast sie in Dir und jetzt bringst Du sie ins Rampenlicht. Dein innerer Rhythmus in Form Deines Atems, ein inneres Zuhause sorgen dabei für Deine innere Ruhe und Dein Stage-Song für den nötigen Schwung.

- **DIE GÖTTIN – Der Schritt TO YOURSELF.** Die Yoga-Göttin aktiviert Deine Streckermuskulatur und etabliert Größe und Selbstbewusstsein in Körper und Geist. Sie verkörpert alles, was Du für Deine Bühnen brauchst: Kraft und Standfestigkeit in Deinen Beinen sowie fluide Flexibilität und Leichtigkeit im Oberkörper. Die Anleitung dazu kennst Du bereits aus dem Kapitel „Selbstfürsorglich & entspannt …" (vgl. Seite 84)

- **Vier-ein-acht-aus-Atmung.** Ob Du nun gerade in einem Meeting Dein Statement gedanklich einstimmst, neben dem Podium auf Deine Anmoderation wartest oder Dir einfach Gutes gönnen magst: Wenn Du Dich darauf einlässt, schenkt Dir die Einatmung ein Gefühl von Fülle und Größe, während die Ausatmung für Entspannung und Gelassenheit sorgt. Du fokussierst Dich bei dieser Übung darauf, doppelt so lange aus- wie einzuatmen. Während Du über die Nase einatmest, tief in Deinen Bauch hinein und in die Weite Deines Brustkorbs, zählst Du innerlich oder mittels Deiner Finger bis vier. Während Du im Anschluss acht Einheiten ausatmest, spürst Du, wie die Luft wie ein warmer Strom aus Dir fließt und Du dabei innerlich runterkommst und ruhig wirst. **Beim Einatmen wächst Du; beim Ausatmen kommst Du innerlich runter. Vier ein. Acht aus.** Äußerlich groß und innerlich gelassen. Mach das mindestens zehnmal, immer wieder zwischendurch und besonders, kurz bevor Du Deine Bühne betrittst. Das hilft Dir dabei, innerlich ruhig zu werden und zu bleiben, wenn es im Außen aufregend ist. Wenn es ganz arg ist, kannst Du über Deinen Mund ausatmen und dadurch noch zusätzlich Anspannung ableiten. Bühnenpresswehen, kurz bevor Du es rauslässt.

- **Faden nach oben, Wurzeln nach unten.** Richte Deinen Oberkörper zu einer aufrechten Haltung auf, unabhängig davon, ob Du sitzt oder stehst. Stell Dir vor, ein durchsichtiger Faden zieht Dich an der höchsten Stelle Deines Kopfes sanft und liebevoll in Deine wahre Größe. Deine Schultern entspannen sich, werden weich und schmelzen nach hinten in Deinen Rücken. Deine Schlüsselbeine räkeln sich in die Länge und das fühlt sich richtig wohlig an. Du nimmst wahr, wie Du während der Einatmung wächst und an Größe gewinnst. Du fühlst Dich der Situation gewachsen. Stell Dir vor, wie aus Deinen Fußsohlen Wurzeln wachsen und Dich mit dem Erdboden verbinden, Dir Bodenhaftung verleihen. Du atmest durch Deine Wurzeln ein und wächst in Deine Größe und Weite, in Deine Baumkrone. Du breitest Dich innerlich aus. Beim langsamen, in die Länge gezogenen Ausatmen kommst Du innerlich runter, in Deine Tiefe. Überschüssige Energie, also alles, was Dir innerlich im Weg steht, Dich unnötig aufwirbelt oder ablenkt, leitest Du in der Ausatmung über Deine Wurzeln nach unten ab. **Aufrichtung nach oben, Verwurzelung und Bodenhaftung nach unten.**

- **Ab ins innere Zuhause.** Das ist ein Ort in Dir, wo Du Dich geborgen fühlst und wo Du ganz Du selbst sein kannst. Auf Seite 203 findest Du die Wegbeschreibung dorthin. Sobald Du ihn gefunden und für Dich eingerichtet hast, wird er Dein **Forever-Home,** wo Du Dich jederzeit, sei es auch noch so aufregend im Außen, hinbegeben und entspannen kannst. Unabhängig von der jeweiligen Bühne Deines Lebens: Bleibe innerlich zu Hause und bei Dir. Wenn Du aus Deinem Zentrum sprichst, bist Du ganz Du, glaubwürdig, überzeugend, echt. Du stehst buchstäblich in Deiner Botschaft und verkörperst sie. Überzeugender geht's nicht.

Namaste & Rock'n'Roll

Jetzt bist Du bereit für den Sprung Richtung Rampenlicht. Du hast Dich aufgerichtet, zentriert und geerdet. Hol Dir nochmal Deinen Stage-Song her (wenn auch nur innerlich) und lass Dir die beschwingte Stimmung verpassen.

- **Dein Slogan für Deinen Schritt on Stage, Dein Mutspruch.** Hast Du einen Spruch, der Dir Mut macht und Dich stärkt? Ich bin immer wieder von den verschiedensten Superkraftsprüchen begeistert, die ich in meiner Arbeit mitbekomme. Eine beeindruckend gelassene Führungskraft eines großen Unternehmens etwa sagt sich gerne den Spruch aus dem Kinderyoga ihrer Kinder zu: „Ich bin groß, ich bin stark, und ich weiß, dass ich mich mag." Von einer französischen Freundin habe ich während unserer gemeinsamen Zeit bei *Radio Afrika* damals gehört, wie sie sich mit „Allez! Allez!" als aufmunternden Zuspruch selbst motivierte. Ich selbst habe mir vor jeder großen Prüfung über den Spiegel mit dem Ausspruch „Showtime, Baby!" zugezwinkert und dabei innerlich das Credo „Mut zur Lücke!" meines Vaters verinnerlicht, mit dem er mich als Schülerin bestärkte. Leg Dir Deinen Mutspruch zurecht für den Moment, in dem es losgeht und Du den Schritt auf Deine Bühne setzt. Ein Spruch, der Dich zum Schmunzeln bringt und alles aus Dir rausholt. Flüstere Dir Deinen Superkraftspruch innerlich erneut zu – und sei er auch noch so peinlich. Denk dran: Je peinlicher er ist, desto mehr musst Du schmunzeln – und das ist gut! Nimm die Intensität des Moments als etwas abenteuerlich Aufregendes wahr. Atme bewusst in die Tiefe und Weite dieser Intensität und beobachte, wie sie diesen Moment zu einem ganz einzigartigen in Deinem Leben macht. Sie zeigt Dir die Besonderheit des Moments. **It's showtime, baby!**

BFF* STATT SELBSTKRITIK & SELBSTZWEIFEL

***Best Friend Forever**

Über Deinen Körper nimmst Du Dich Deiner körperlichen Angstreflexe an; über Deinen Geist reagierst Du auf die mentalen Angstreaktionen. Diese kommen etwas subtiler daher und geben sich nicht so augenscheinlich zu erkennen. Die Angst verwendet dafür mächtige Botschafterinnen als Sprachrohr: Selbstzweifel und Selbstkritik. Sie werden umso lauter, forscher und unnachgiebiger, je näher eine exponierte Situation außerhalb der Komfortzone rückt. Während Träume und Visionen uns in unserer endlosen Vorstellungskraft weiten und Möglichkeiten eröffnen, macht die Angst alles eng und will bändigen. Selbstzweifel sind der schlimmste Feind der Kreativität und des Selbstausdrucks. Die Angst schickt Saboteure auf Dich los, die Dich kleinhalten sollen, damit Dir bloß nichts passiert.

Geht es Dir auch so, dass niemand so kritisch mit Dir ist wie Du selbst? Keine (gute) Freundin würde so mit Dir reden, wie Du mit Dir selbst voller Kritik und Selbstzweifel sprichst. Du bist zu jeder Freundin netter als zu Dir selbst – zumindest habe ich noch nie etwas Gegenteiliges erlebt. Mir wird jedes Mal ganz anders, wenn die Seminarteilnehmerinnen bei der Übung zur inneren Kritikerin auflisten, was ihnen diese negative innere Kommentatorin so zuflüstert: „Du blamierst Dich", „Andere kennen sich viel besser aus. Halte lieber den Mund", „Was bildest Du Dir ein? Du denkst, Du kannst das?", „Du konntest noch nie vor Menschen sprechen. Lass es lieber gleich bleiben!", „Warum musst Du Dich wieder so hervortun und wichtig machen?", „Wer glaubst Du, bist Du denn?", um nur ein paar Klassiker zu nennen. Ich kenne diese Stimmen natürlich alle persönlich.

Es geht jetzt aber nicht um eine Verbannung dieser Stimmen, denn sie kommen ohnehin wieder, vielmehr wollen wir mit diesen Stimmen leben lernen, ohne uns von ihnen abhalten zu lassen, unser Ding zu machen. Denn eines steht fest: Was Du Dir selbst im inneren Dialog erzählst, die „Ich bin nicht gut genug"-Leiern, die „Ich kann das nicht"-Glaubenssätze, Selbstkritik und Selbstzweifel schwingen in allem mit, was Du tust, und stehlen Dir die Show Deiner Botschaft. **Ein sichtbarer Elefant im Raum, der Dich im eigenen Rampenlicht in den Schatten stellt.** Selbstkritik und Selbstzweifel zeigen sich in Deiner Körpersprache, in Deiner Mimik, in Deiner Schulterhaltung, Deinem Gesichtsausdruck, Deinem Blick. Ich habe eine Strategie für Dich, wie Du sie zu ignorieren lernst, um stattdessen eine konstruktive Begleitung für Dich zu etablieren: Du schreibst **das innere Drehbuch** selbst. Es dreht sich nicht als hängen gebliebene Schallplatte in die Selbstabwertung, sondern um ein **Narrativ der Selbstaufwertung.** „Ganz will ich diese kritische Stimme aber nicht hergeben, denn ohne sie bin ich womöglich verloren", bekomme ich gelegentlich zu hören. Manche Frauen sind so vertraut mit dieser strengen inneren Stimme, dass sie Sorge haben, ohne das Regulativ der Selbstkritik womöglich außer Rand und Band zu geraten. Da wären wir beim Kern meiner Arbeit: erwachsene Frauen davon abzuhalten, brave Mädchen zu sein!

Wie erkennst Du nun, wann die kritische, irrationale Stimme der zähmenden, einengenden Angst zu Dir spricht, und wann es eine realistisch-umsichtige und gutmütige Stimme ist? Das ist die **Gretchenfrage der Selbstführung.** Nur Du kannst sie beantworten. Folgende Gegenüberstellung basierend auf einer alt bewährten Coaching-Methode zum Umgang mit der inneren kritischen Stimme hilft Dir dabei:

Innere Kritikerin	Innere BFF
Hat einen Tunnelblick auf alles, was schief gehen kann.	Hat einen weiten, offenen Blick darauf, wie Du das Dir Wichtige umsetzen kannst.
Trifft absolute Feststellungen („Du bist eine lausige Sprecherin!").	Stellt erforschende Fragen („Was kann ich ändern, um mich als Sprecherin sicherer zu fühlen?").
Hat den Fokus auf Probleme und Mängel.	Hat den Fokus auf Ideen und Lösungen.
Wiederholt sich ständig und hat einen ängstlichen, vielleicht sogar kontrollierenden Ton.	Hat eine gelassene, aufmerksame Stimme – mit einem Bereit-für-Unvorhergesehenes-Unterton.
Kann auch richtig gemein und hart zu Dir sein, kritisiert Dich und stellt Dich infrage.	Schaut umsichtig und liebevoll auf Dich und hat die Umsetzung Deiner Visionen im Blick.
Will panisch Gefahren und Verletzungen vermeiden und sich lieber langweilen.	Traut Dir Risiken zu.

Ist eitel und will Dein (unbedingt gefallen wollendes) Ego schützen.	Will Dich dabei unterstützen, authentisch Deine Persönlichkeit und Botschaft zum Ausdruck zu bringen.
Sagt Dir post festum, was Du anders machen hättest sollen und dass Du lieber auf sie hören und es bleiben lassen hättest sollen.	Hilft Dir gegebenenfalls beim Heilen Deiner Wunden, um wieder für neue Abenteuer fit zu sein.

Je mehr Du die innere Kritikerin in Dir hörst, desto destruktiver ist Deine innere Kommentatorin, desto geringer ihr Interesse an Deiner Selbstentfaltung. Sie hat absolut kein Freundschaftspotenzial. Sie redet um ihr Leben, weil sie Angst hat. Am liebsten hätte sie, dass Du Dein Leben mit ihr auf Netflix vorbeiziehen lässt, ohne jemals eigene Abenteuer anzugehen. Versuch gar nicht erst, mit ihr zu argumentieren, denn das macht es nur schlimmer: Sie hat **immer** das letzte Wort und findet jedes Mal abstrusere Methoden, um Dich klein- und in Zaum zu halten. Das Schwierigste im Dialog mit ihr ist, sich immer wieder bewusst zu machen, dass sie nicht die Wahrheit spricht: Sie baut sich ihre eigene Wahrheit aus einem Worst-Case-Horrorszenario.

Im Vergleich dazu stellt Deine potenzielle BFF viele offene, neugierige und lösungsorientierte Fragen. Während die innere Kritikerin kein Interesse an der Wahrheit hat, sucht die BFF die Wahrheit für Dich: Deine Wahrheit. Je mehr BFF-Stimmen, desto mehr „Best Friend Forever"-Potenzial trägst Du in Dir für Dich selbst. Und wie es in Freundschaften so ist, kannst Du an ihnen arbeiten und sie vertiefen, damit sie stark sind, bleiben und lange währen. Dafür brauchen sie Deine Aufmerksamkeit. Verabschiede Dich jetzt von Deiner kritischen Souffleuse, würdige sie kurz für ihre gut gemeinte Übervorsichtigkeit und sage ihr, dass Du von nun an ohne sie auskommst. Sei gewarnt: „I'll be back!" ist ihr Credo! Sie wird Dich anrufen, Dir schreiben, versuchen, Dich zurückzugewinnen, aber jetzt bist Du gewappnet, Du wirst sie erkennen und ihr bereits an der Türschwelle zu verstehen geben, dass Du sie nicht länger in Deinem Leben willst.

Dein Fokus liegt jetzt auf Deiner neu entdeckten BFF, eine Freundin, die immer zu Dir steht und auf die Du Dich verlassen kannst. Sie ist in Dir und immer an Deiner Seite. Sie ist für Dich da, wenn Du durch Deine Angst musst, um aus Dir herauszugehen und Größeres zu wagen. Sie spricht Dir Mut zu. Sie feuert Dich an. Sie tröstet Dich. Sie hilft Dir nach dem Hinfallen beim Aufstehen. Sie dreht Dein Lieblingslied laut auf, schenkt Dir ein Glas Prosecco ein und bringt Dich zum Lachen über das Schiefgegangene. Sie macht Dir bei Schlaflosigkeit um Mitternacht einen Tee und bleibt bei Dir in Situationen, in denen Du nicht allein sein willst. Sie will Deine Welt mit Dir entdecken, herausfinden, wie Du Dich und all das in Dir noch mehr zum Ausdruck bringen kannst. Sie will Dich dabei unterstützen, dass es Dir gut geht im Rampenlicht und herausfinden, was Du dafür brauchst. Klingt nach der Freundin, von der Du immer geträumt hast, nicht wahr? Du kannst ihr auch jederzeit Fragen stellen. Sie drängt sich nicht so auf wie die Kritikerin, sondern wartet, bis Du sie fragst, anstatt Dich mit ihren Ratschlägen (auch Ratschläge können bekanntlich Schläge

sein) vor den Kopf zu stoßen. Frag sie mal, wie sie heißt. Und dann frag sie alles, was Du willst. Du wirst sehen, wie sich diese Freundschaft formt und wie sie Deinen Fokus verschiebt, wenn Du ihr Aufmerksamkeit schenkst.

SELBSTZWEIFEL-QUICKFIX

Wenn Selbstzweifel besonders laut werden, die Kritikerin tobt und Du mit Deiner BFF mit vereinten Kräften um Deine Würde kämpft, dann findest Du hier eine Sammlung an schnell wirksamen Methoden:

- **Der irrationalen Angst durch rationale Analysen den Bühnenboden entziehen.** Die folgenden Fragen helfen Dir dabei:
  - → Wovor genau hast Du Angst? Schreibe auf oder erzähle, was konkret in Deiner Horrorvorstellung passiert.
  - → Wie oft ist Dir das in der Vergangenheit schon passiert?
  - → Inwiefern ist es möglich und wahrscheinlich, dass genau das in dieser Art und diesem Ausmaß eintreten wird?

- Ja, und wenn, was dann? Was passiert, wenn das, wovor Du Angst hast, tatsächlich eintritt? Was passiert und: Ist das wirklich so schlimm? Arbeite Dich bis zum Endpunkt der Geschichte vor, eine lange Kette ähnlicher Fragen: Was passiert dann? Zum Beispiel: Wenn mir der richtige Fachbegriff nicht einfällt, was passiert dann? Wenn sie Dir kritische Fragen stellen oder Dir coram publico widersprechen? Was passiert danach? Und was danach? Wie geht es dann weiter? – Du gehst fragend bis an den Endpunkt der Geschichte und wirst merken, dass es immer weitergeht, Deine Welt also nicht untergeht, selbst wenn Du noch so sehr etwas falsch machst. Du analysierst Deine Angst bis ins kleinste Detail und merkst, dass die Angst überproportional größer ist als die vermeintlich lauernden Gefahren, denen Du zudem mehr als gewachsen bist. Eine rationale Analyse der irrationalen Angst bringt die Proportionen wieder ins richtige Lot.

- **Aristoteles' Rückenwind:** Mir hilft die zeitlose Weisheit Aristoteles': „Je mehr ich weiß, desto mehr weiß ich, dass ich nichts weiß." Genau genommen ist das auch der Unterschied zwischen Expertinnen und Scharlataninnen: Erstere erkennt man daran, dass sie wissen und dazu stehen, dass sie nicht alles wissen; Letztere jedoch daran, dass sie glauben und vorgeben, alles zu wissen. Das nimmt mir selbst immer wieder den Druck, alles wissen und alle Fragen beantworten zu müssen. Du zeigst genau damit Deine Expertise, indem Du entspannt damit umgehst, wenn Du etwas nicht weißt.

- **Neugier & Spiel statt Angst & Kontrolle:** Neugier und Angst können nicht parallel als emotionale Treiber in Dir existieren – entweder bist Du neugierig und nach vorne gerichtet oder ängstlich verharrend. Genauso kann ein spielerischer Zustand nicht neben Kontrolle koexistieren – entweder bist Du spielerisch, lässt Dich auf die Situation in dem Moment ein und reagierst spielerisch beweglich darauf oder Du bist von der Angst geleitet und willst die Situation unter Kontrolle bekommen. Wenn sich Kontrollverlust bedrohlich wie eine Abrissbirne am dünnen Faden anfühlt, dann sind weder Angst noch Kontrolle hilfreiche Begleiter. Versuche so richtig neugierig und spielerisch in die Situation zu gehen: Was an dieser Situation macht Dich ehrlich neugierig? Was würdest Du liebend gerne wissen über mögliche Ausgänge dieser Angelegenheit? Bist Du nicht neugierig, welches (Autobus-)Gesicht sie machen, wenn Du ihnen offen und ehrlich sagst, was Du sagen willst und darauf pfeifst, was sie von Dir erwarten? Ist das Leben nicht ein einziges riesiges Spiel, Dein Auftritt ein spannendes Bühnenspiel (ganz nach William Shakespeare) und Du holst alles, was geht, aus ihm raus? Geht es Dir nicht viel besser, wenn Du aus herausfordernden Situationen ein Spiel machst, neugierig wie Alice im Wunderland hineinspringst, es lockerer angehst und dadurch flexibler bist für alles Kommende? Lass die Neugier in Dir entflammen! Lass Dich aufs Spiel ein und Dich überraschen, wie gut es sich anfühlen kann, ein klein wenig die Kontrolle zu verlieren (ganz ohne Prosecco).

- **Liebe als Bewusstseinszustand und Haltung:** Inspiriert von Marianne Williamson ist dies eine meiner Lieblingsmethoden, um eine innere Haltung auf Augenhöhe (statt inneren Schrumpfens) und warmherzige Stimmung in mir für die Bühne zu finden – als Pendant zur Coolness, die oft durch die Unsicherheit entsteht. Ich frage mich dabei: Wie ist die Situation, wenn ich liebevoll mit mir und allen anderen bin? Wie fühlt es sich an und welche Stimmung entsteht, wenn ich für die Liebe stehe und Wärme auf der Bühne verkörpere? **Love is the message and the message is love.** Genau das sage ich mir dann: Was auch immer rund um mich herum passiert, will ich doch für Liebe und Wärme stehen. **Good ol' hippie style.** Auch eine zeitlose Weisheit. Probiere es mal aus und vergiss nicht, Dir gedanklich eine Blume ins Haar zu stecken.

- **Bites of Bravery:** So nennt Lady Gaga die täglich nötigen mutigen Schritte, bei denen man gegen innere Hürden ankämpft, um nach vorne zu kommen und sein Leben zu leben. Das funktioniert, wenn man es ohne großes Nachdenken tut. Wenn Du einfach machst, bist Du mit dem Tun beschäftigt ohne Kapazitäten für Grübeleien, was schiefgehen könnte und dagegenspräche. Setze also einen Fuß vor den anderen, wie weich die Knie auch sein mögen, wie wund sie werden könnten. Einfach einen Schritt nach dem anderen setzen und weitergehen. Bewahre Dich nicht vor den Wunden, sondern lerne, sie zu heilen. Mach sie einfach, Deine Bites of Bravery, Deine Happen Mut und Tapferkeit!

HANGOVER WAR GESTERN

Diese Methoden, wie auch die Lampenfieber- und Selbstfürsorge-Übungen, helfen übrigens zudem retrospektiv, um nach einem Auftritt bei Dir zu bleiben und Dich nicht verrückt zu machen beim Gedanken daran, was Du Falsches gesagt haben könntest oder was Du gerne anders gesagt und getan hättest. Es dauert manches Mal, bis wir ein schwieriges Gespräch, eine blöde Bemerkung, einen gefühlt großen Bühnenmoment abstreifen und zur Tagesordnung übergehen können. Du kannst all diese Übungen daher auch post festum als Vulnerability-Hangover-Abhilfe nutzen und dafür sorgen, dass es Dir auch danach gut geht und Du Dich nicht von rückblickenden Selbstzweifeln überrollen lässt. Mut funktioniert auch rückwirkend!

Rampenfrauen-EHRENWORT GEMEINSAMER MUT

Es braucht großen Mut, sich menschlich fehlbar, verletzlich und echt zu zeigen. Mit kleinen Kommentaren können wir uns gegenseitig großen Mut machen. Verbale High fives, mit denen wir uns gegenseitig Spalier stehen am Weg Richtung unserer vielen Bühnen des Lebens. Vielleicht erinnerst Du Dich, was mein Coach Stefan zu mir gesagt hat: „Wenn Du beim Gedanken daran Durchfall bekommst, dann weißt Du, dass Du auf dem richtigen Weg bist." Dieser kleine Kommentar hat mir immer wieder zu großem Mut verholfen. Wer weiß, welcher Deiner Kommentare anderen Frauen schon zu Mut verholfen hat? Wie könntest Du anderen Frauen eine BFF sein, und sei es nur eine kurze Reisefreundschaft? Du bist von nun an für Dich die BFF, aber auch für alle anderen Frauen auf dem Weg ins Rampenlicht und nutzt **die endlose Kraft kleiner Kommentare** für das gemeinsame Zielbild vieler Frauen auf den Bühnen dieser Welt. Rampenfrauen-Ehrenwort?

SELBST-ZWEIFEL + ÄNGSTE WERDEN ZUR SEITE GESCHOBEN
STEP 1
SELBST-FÜRSORGE
STEP 2
GROSS WERDEN
GÖTTINNEN-POSE
ENTFALTEN
STEP 3
ÄNGSTE UND ZWEIFEL
ROLLEN-BILDER
STRENGE
PERFEKTIONISMUS
SELBSTKRITIK
ERWARTUNGEN
SIEBEN TO YOURSELF-STEPS
AUF DEINER INNEREN BÜHNE.

Imaginärer Faden
Auf-richten und erden
4
4-ein-8-aus-atmen
Step 5
Ich mach das jetzt einfach!
Step 6
MUT

Augenhöhe kommt von innen.
Katuschka '22

III. To your story

Du sagst, was Du wirklich sagen willst.

Entspannte Frauenhände empfinde ich als etwas Seltenes und Besonderes, genauso wie entspannte Frauengesichter. Wohin ich als Mädchen auch schaute, sah ich schnell agierende, funktionierende Hände, denn alles musste zackig gehen, auf Schiene sein, passend gemacht werden. Auch heute sehe ich viele schnelle Hände, die funktionieren und ausführen, jedoch selten Hände, die entspannt führen oder einfach verweilen. Da ist wenig Zeit und Raum dafür, dass etwas in Ruhe entstehen oder gedeihen kann, wenig Muse für die Reflexion über das, was einem selbst wirklich wichtig ist und, ob man all das, was man trägt und hält, wirklich ist und wirklich will. Voller Demut und Bewunderung für all die damit verbundene harte Arbeit frage ich mich, ob es nicht auch anders gehen könnte: Wie wäre es denn, wenn wir entspannt die eigene Geschichte in die Hand nehmen, unseren eigenen Blickwinkel teilen, statt angespannt die Blickwinkel anderer zu exekutieren? Statt Dich unter Druck zu setzen, begibst Du Dich in einen kreativen Flow mit Dir selbst und dem, was Du sagen willst. Deine Hände sind dabei entspannt und führen den roten Faden und Deine eigene Geschichte.

Ich wage die Behauptung, dass wir uns lange in unserem Leben von anderen erzählen lassen, wer wir seien, sodass wir uns in die Geschichten anderer einfügen. Wann beginnen wir, uns selbst und anderen unsere eigene Geschichte zu erzählen? Der Schritt in die eigene Geschichte befreit. Er macht authentisch. Er macht stark. Du holst Dir die Narrativhoheit und wirst Deine eigene Geschichtenerzählerin. Sobald Du selbst Deine Geschichte schreibst, wirst Du zur authentischen Akteurin und Erzählerin, steigst aus dem Drehbuch anderer aus. Du stehst aufrecht in Deinem eigenen Blickwinkel, wohin Du auch schauen magst, in welchem Kontext Du Dich auch bewegen magst, mit wem Du auch immer sprechen magst. Viel zu oft höre ich, wie Frauen über sich selbst viel zu kleine Geschichten erzählen, und nicht die große, ganze Nummer rauslassen. Die Geschichte, die Du Dir selbst über Dich erzählst, beeinflusst, wie Du Dich selbst erlebst, wie Du Dich selbst wahrnimmst, wie Du Dein Leben lebst.

Was ich die längste Zeit meines Lebens als Ausbrüche empfand, sehe ich rückblickend als Eintritte in meine eigene Geschichte: Kaum war ich sechzehn Jahre alt, wollte ich nichts wie weg und in die weite Welt hinaus. Im Auslandssemester lernte ich Lebenswelten kennen, Künstlerinnen, die in bunten, weiten Lofts lebten, die sich nach zu Hause, nicht nach der Fremde anfühlten. Als ich vor meinem dreißigsten Geburtstag meinen Job und meine Beziehung beendete (Klingt nach Krise. War es auch.), um einen Sommer lang mit einem großen Haufen Malutensilien ins Blaue nach Italien zu reisen, lernte ich in manischen stundenlangen Malsessions, was es heißt, innere Bilder zum Ausdruck zu bringen und wie sich ein kreativer Flow, Selbstausdruck im eigenen Fluss anfühlen kann. Kreative Entfaltung vs. vorgefertigte Ausmalbilder. Als ich mir im Sommer nach der bestandenen Rechtsanwaltsprüfung eine Auszeit nahm, um im mexikanischen Dschungel zwei Monate lang ein Yoga-Teacher-Training zu absolvieren, lernte ich, wie ich meinen Körper bewusst von innen heraus erleben konnte – statt über den Umweg des Spiegelbilds und der damit verbundenen Erwartungshaltung. Auf der Yogamatte lernte ich, dem externen Druck zu entkommen und Entspannung zu finden in der Anstrengung, innere Weite dorthin zu bekommen, wo es eng war, und den Blick für das zu entwickeln, wo ich hinwollte. Ich lernte mich über meinen Körper kennen und entdeckte ein kostbares Instrument – zart und kräftig zugleich, das mir bei der Verkörperung und dem Ausdruck dessen half, was in mir ist.

„Was soll ich sagen?", ist meist die Gretchenfrage beim Gedanken an einen bevorstehenden Bühnenmoment. Das, was Du alles zu sagen hast, findest Du kaum nach vorne gebeugt grübelnd am Schreibtisch, sondern entspannt zurückgelehnt oder bei einer Tätigkeit, die Dir Freude bereitet und Dich zurück in den Fluss mit Dir selbst bringt. Du hast unendliche narrative Rohdiamanten in Deinem Reisekoffer – sowohl in der Abstellkammer der Vergangenheit als auch in den Visionen für die Zukunft. Du sitzt auf Deinen Schätzen, siehst sie vielleicht nicht immer. Widmen wir uns daher einer entspannten Vorbereitung, die Dir guttut, Dich motiviert und Dir Vorfreude auf Deinen Auftritt statt schlafloser Nächte schenkt. Ganz in Deinem eigenen Vibe, ganz im Sinne Deiner Werte, gezogen von Deiner Vision nimmst Du Deine Bühnen ein, mit Deinem jeweiligen Bühnenziel vor Augen, ganz im Wissen darüber, wer Du bist, wofür Du stehst und was Deine Zuhörerinnen brauchen, damit sie sich Dir anschließen.

INHALTLICHE VORBEREITUNG MIT DER KUNST DER MUSE & DEM FOKUS DER KRIEGERIN

Vorbereitet zu sein hat etwas mit Fürsorge und Wertschätzung zu tun, für Dich selbst und für die anderen. Ich sehe Vorbereitung gerne als eine Achtsamkeitsübung gegenüber mir selbst, der bevorstehenden Situation und den Menschen, die mir ihre Aufmerksamkeit schenken werden. Jetzt kommt also der Moment, in dem Du die Ärmel hochkrempelst, ein leeres Blatt Papier oder ein Notizbuch zur Hand nimmst. Warte aber bitte einen Moment, bevor Du anfängst, Dir darüber den Kopf zu zerbrechen, was Du sagen sollst. Oft glauben wir, dass wir uns kognitiv wahnsinnig anstrengen müssen, um eine spannende Präsentation, einen inspirierenden Vortrag, etwas Erhellendes zu entwickeln. Oft setzen wir uns so unter Druck, dass wir dadurch unserer Kreativität einen Käfig bauen, während uns Entspannung und mentale Freiheit viel eher zum Ziel bringen: auf der Bühne wir selbst zu bleiben und das zu sagen, was wir wirklich sagen wollen. So heißt es auch bei der Psychologin Nicole LePera, dass wir nur dann, wenn wir entspannt sind, richtig offen für und verbunden mit uns selbst und der Welt um uns herum, neugierig und kreativ sein können, klar denken und planen können.[34]

Relax! lautet daher die wohlige Devise, nicht nur on Stage, sondern auch hinter der Bühne für die Vorbereitung. „**Badewanne statt Bildschirm**“ ist das Credo der Rampenfrauen-Vorbereitung. So siehst Du das größere Bild und den größeren Kontext, in den Du Deine Botschaften hineinposaunen wirst. Du bekommst ein besseres Gefühl für den Rahmen und die

---

34 Dr. Nicole LePera (2022). How to meet your self. New York: Harper Wave, S. 61, 63.

passende inhaltliche Stoßrichtung. Die alten Griechinnen und Römerinnen wussten um den hohen Wert des Zur-Ruhe-Kommens und des Mußegenusses als Nährboden für kreative und humanistische Entfaltung. Auch Neurobiologe Gerald Hüther erinnert uns immer wieder daran, dass sich Kreativität nicht durch Anstrengung des Denkorgans erreichen lasse, sondern die wirklich kreativen Einfälle ausgerechnet dann kämen, wenn es gelinge, das Gehirn ohne Druck und ohne gezielte Anstrengung zu benutzen. Du brauchst also **Mut zum Loslassen, Mut zum Müßiggang!** Traust Du Dich? Du hast eine wundervolle Zeit vor Dir, und ich verspreche Dir kribbelige Vorfreude auf Deine Bühnen, wenn Du Dich dieser Phase hingibst (statt Tunnelblick darauf, es schnell zu erledigen und hinter Dich zu bringen).

Wann oder bei welchen Tätigkeiten kommen Dir die besten Ideen? Wie, wann und wo überkommt Dich Dein Flow? Wie wäre es, einen Teil Deiner Vorbereitungszeit genau dafür einzuplanen?

Lass die guten Ideen auf Dich zukommen, statt ihnen hinterherzujagen. Die letzte Keynote ist mir während eines Kindertheaterstücks zugeflogen: die passenden Beispiele, inhaltliche Verknüpfungsmöglichkeiten und Querverbindungen, samt übergreifendem Spannungsbogen. Statt Dich mit „Was soll ich sagen?" unter Druck zu setzen, lehnst Du Dich zurück mit „Was will ich sagen? Was will ich verkörpern? Wofür will ich diesen Moment nutzen?"-Fragen als Türöffner für neue Möglichkeitsräume.

Auch die kleinsten Bühnenmomente sind Möglichkeiten, die Welt ein kleines Stück mitzugestalten. Ich liebe den Zustand meiner Entspannung und die damit geöffneten Tore zu meinem kreativen Potenzial. Er unterstützt mich dabei, mir meiner Werte, meiner Visionen, meiner Vibes wieder bewusst zu werden, mir wieder bewusst zu werden, wer ich bin und wofür ich stehen will. Bist Du dabei?

Du richtest Dich als friedvolle Kriegerin mit einem klaren Ziel vor Augen auf, verbindest Dich mit den Dir zuhörenden Menschen und nimmst den roten Faden in Deine Hand; Du weißt, wie Du anfängst, und hast einen stimmungsvollen Abgang in petto: Scharrst Du schon mit den Hufen? Es wird Zeit! Beginnen wir! **„Wo kommst Du her und wo willst Du hin?“**, so lauten die zentralen Fragen. Was hast Du über die Jahre alles in Deinem Reisekoffer gesammelt? Und was hat ein sauberer Kühlschrank mit kreativem Flow zu tun?

KREATIVER FLOW STATT KÄFIG

Immer wieder kommt jemand für die Vorbereitung eines Vortrags auf mich zu, meist mit großer Aufregung verbunden und dem fast beiläufigen Nebensatz: „Die PowerPoint-Folien sind schon fertig.“ Vor dieser vertanen Liebesmüh möchte ich Dich bewahren und Dich stattdessen lieber in die Badewanne als an den Bildschirm schicken. Wenn Du zuerst die Folien perfektionierst, Dir aber erst dann die Frage über das Gesagte stellst, sperrst und schränkst Du Dich inhaltlich selbst ein. Auch beim Public Speaking gilt: „Form Follows Function“ – nicht umgekehrt. Sonst wird die Form schnell zum kreativen Käfig und die Funktion geht dabei am Weg verloren.

Als Rampenfrau lässt Du Dich ungern einsperren im Käfig fertiger Bilder und fixer Vorstellungen, auch nicht Deiner eigenen. Stattdessen genießt Du Deine kreative Freiheit, Deinen Gestaltungs- und Bewegungsspielraum, um Struktur und Storyline entlang Deiner Vision zu entwickeln. Visuelle Hilfsmittel für noch mehr Wirksamkeit Deiner Botschaften kommen erst dann ins Spiel, wenn Du genau weißt, wohin Du mit Deinen Worten willst. Erst wenn Du weißt, was Du sagen willst, fragen wir uns, wie Du es sagst und wie Du mediale Tools zu diesem Zweck gezielt einsetzen kannst. Wir widmen uns erst der Form, wenn die Funktion klar ist.

VOM RUCKSACK ZUM KOFFER

Ach ja, vergiss Deinen Koffer nicht! Du sammelst alles, was Dir die Entspannung an Einfällen zuspielt, alle gekommenen Ideen, während Du in größeren, weiteren Bildern an Deinen bevorstehenden Auftritt denkst. In Deinem Reisekoffer haben sich bereits unzählige Schätze Deines Lebens angesammelt. **Alles, was Du gehört, gesehen, gelesen, gespürt, gekostet, gerochen, gelernt hast,** hast Du in diesem Koffer dabei. Viel zu selten sind wir uns dieser Schätze bewusst für die Geschichten, die wir erzählen können, die Erfahrungen, die wir teilen können, **die Expertise, die sich dadurch formt.**

Niemand hat den gleichen Kofferinhalt wie Du. Niemand hat die gleiche Reise wie Du gemacht. In diesem Reisekoffer steckt alles, was Deinen Blickwinkel ausmacht – mehr als genug Stoff für Deine Bühnen. Wir alle haben einen nicht immer leichten Rucksack mitbekommen. Er war nicht immer leicht zu tragen, aber er hat uns viele Erfahrungen und Erkenntnisse gebracht. Jetzt ist der Moment da, all das wertzuschätzen und als einzigartiges Reisesouvenirs bewusst zu nutzen. Den Rucksack hast Du vom Leben umgehängt bekommen, aber den Reisekoffer nimmst Du selbst in die Hand: Je schwerer der

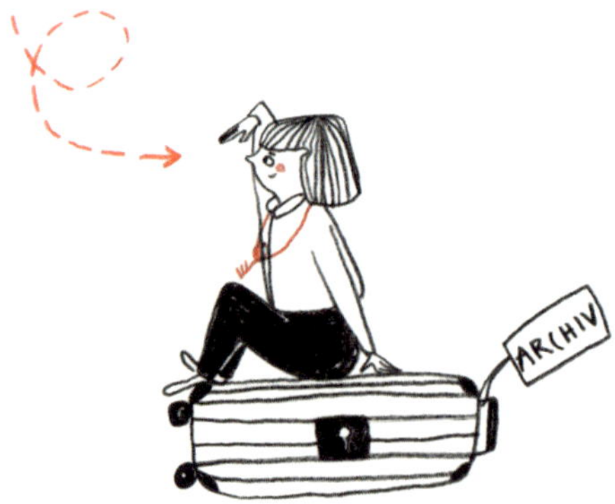

Rucksack ist, desto weiter drückt er Deine Schultern nach unten; je voller der Koffer ist, desto mehr zieht die Brust nach oben, desto mehr Erfahrungen, Erkenntnisse, Expertise kannst Du auf Deinen Bühnen teilen.

Im Zuge der kreativ-flowigen Phase Deiner Vorbereitung wird sich Dein Koffer gleich noch mehr füllen: Er ist Dein Archiv, Dein Bühnen-Fundus – stets offen für Neues, stets an Deiner Seite, um das für die jeweiligen Bühnen Passende herauszuholen. Du trägst den Schlüssel zu Deinem Narrativ immer bei Dir.

Wie kann dieser Koffer konkret aussehen? In einem Interview mit einer Stand-up-Comedian habe ich mal gelesen, dass sie all die inhaltlichen Bestandteile ihrer Shows in einem riesigen, über ihre ganzen Bürowände gehenden Karteikartensystem abgelegt habe. Ich weiß nicht mehr, wer es war, aber es hat mich sehr inspiriert, ich hatte dunkle, alte Holzschubladen vor Augen, voller Patina, voller Geschichten – die eine mit Pointen zu Gender-Themen, die andere mit Pointen zu Politik, eine eigene Lade für Selbstironie. Seither mache ich es ähnlich und sammle potenzielle Inhalte für Vorträge, Workshops, fürs Buch, für wichtige Gespräche, für was auch immer im Kontext meines beruflichen Alltags: Ich sammle persönliche Geschichten, Zahlen, Daten, Fakten aus Zeitungen und Fachliteratur, Erlebnisse und Erkenntnisse meiner täglichen Arbeit, große Anekdoten und kleine Absurditäten, Geschichten aus Alltag und Umfeld, in dem ich mich bewege. Ich sammle gerne Widersprüchlichkeiten und Ambivalenzen, weil diese immer gut für die Erzeugung von Spannung sind. Ich sammle Fragen, die sich in meinem Kopf zusammenbrauen, je mehr ich mich mit einer Materie auseinandersetze. Ich sammle schöne Worte und Formulierungen, die mir unterkommen und gefallen. So entsteht ein **immaterielles Inhalt-Baukasten-System**, das sich nach Lust und Laune zusammensetzen lässt.

Wenn ich weiß, dass ich in einem halben Jahr einen Vortrag halte, sammle ich schon jetzt alles, was mir für diesen Anlass, zu diesem Thema inhaltlich passend unterkommt und gefällt. Wenn es dann so weit ist, schöpfe ich aus diesem vollen Koffer, strukturiere und forme die Inhalte passend zum Anlass. Als analoge Rampenfrau ist mein Reisekoffer meist ein mich überallhin begleitendes Notizbuch, aber auch eine große chaotische Sammlung loser Zettel. Die Ideen und Impulse, die mir beim Wäschezusammenlegen, Zugfahren, Lesen oder sonst wo (unter-)kommen, schreibe ich so schnell wie möglich auf, bevor der lichte Moment vergeht.

Das ergibt eine wahre Schatzkiste, in der ich alte Gedanken und Überlegungen finde. Sie ermöglichen mir, Zusammenhänge und Kontexte herzustellen, mich und das, worum es mir geht, was mich beschäftigt, welche Überlegungen zu welchen Schlussfolgerungen geführt haben, besser zu verstehen. Genauso gut kannst Du Dir selbst E-Mails schicken mit einem Betreff, den Du leicht wiederfindest, etwa mit dem Datum des Vortrags, für den Du im **gebärenden Flow** bist. Wenn es dann so weit ist, wirst Du sehr froh über die Post an Dich selbst sein. Wiederum andere haben ein Dokument auf ihrem Desktop abgespeichert und sammeln dort all das, was Sie irgendwann mal sagen wollen, als Fundus für die Zukunft. Wenn Du magst, schick mir doch bitte ein Foto Deines geordneten Reisekoffers, solltest Du einen haben. Das inspiriert mich. (Gerne aber auch von Deiner Unordnung – das beruhigt mich.)

DATE MIT DER MUSE IN DIR

Wo und wann bist Du Dir selbst eine Muse? Im Folgenden findest Du vier Möglichkeiten für entspannten kreativen Flow. Eine Meditation und Atemübung, ein Heimspiel in der Natur, haptisches Gestalten mit der rechten Gehirnhälfte und bewusstes Eintauchen in gute Qualität. Dabei gilt stets, gut zu

Dir selbst zu sein, Dir Gutes zu tun, Dich in einen Zustand zu bringen, in dem Du Anspannung loslassen kannst, um Dich zu öffnen – Dir selbst gegenüber und gegenüber dem, was Dir inhaltlich wichtig ist. Du gibst Dir selbst diesen Wert, also diese Zeit und diesen Raum. **Kreatives Schöpfen,** ob malend, musizierend, komponierend, schreibend, sprechend, passiert in einem anderen Bewusstseinszustand als im Modus des alltäglichen Funktionierens. Das geht nicht auf Knopfdruck, denn das ist ei**n Zustand, in dem Du an etwas Größeres in Dir selbst angebunden** bist. Dafür gilt es, die für Dich richtigen Rahmenbedingungen zu schaffen, damit Du diesen kreativen Zustand erreichst, in dem Du aus Deiner Quelle schöpfen kannst:

- **Meditation & Atmung, um aus dem Vollen zu schöpfen.** „Wenn Du in Eile bist, geh langsam. Wenn Du es noch eiliger hast, mach einen Umweg", besagt das japanische Sprichwort. In diesem Sinne nehmen wir jetzt den Weg gen Rampenlicht nicht auf dem direkten Weg Richtung Bühne, sondern über den „Umweg" zu Dir selbst. Eine Meditation ist immer wieder eine ideale Art, Dich während einer Vorbereitung mit Dir selbst zu verbinden und aus dem Vollen, aus Deiner Tiefe und Weite zu schöpfen. Hast Du vielleicht sogar schon eine Meditationspraxis? Dann nimm dies gern als Erweiterung an. Eine bewusste Atmung ist auch essenziell für Kreativität. Ruhige, tiefe Atemzüge bringen Deinen Geist zur Ruhe und öffnen Dich für einen kreativen Zustand, für das Potenzial in Dir, für eine bewusste Wahrnehmung und das Erkennen Deiner Schätze in Deinem Reisekoffer. Unter Druck atmen wir tendenziell flach, nur bis ins Dekolté oder in den oberen Brustbereich, kommen nicht ganz rein in uns. Wenn wir besonders angespannt sind, halten wir auch mal den Atem an – das Gegenteil einer Einladung an einen verbundenen kreativen Zustand. Daher möchte ich Dich hiermit für einen inneren Ausflug ans Meer begeistern. Atme dafür ganz tief in

Deinen Bauch hinein, als würdest Du seit Langem endlich wieder Meeresluft einatmen. Du verbindest Dich mit der Tiefe und Weite in Dir. Du spürst Deine Ein- und Ausatmung wie einen Wellengang in Dir, der Dich zu Dir selbst zurückschaukelt. Wenn Du Lust hast, begleite ich Dich ans tiefe, weite Meer in Dir, von wo es auf die Strände Deines Lebens fließen darf. Du verbindest Dich mit dem, was an die Oberfläche, nach oben auf Deine Bühnen will. Für weitere Inspiration kannst Du hier meine Meditationssammlung auf meiner Website erwerben:

- **Natur – Verbindung mit dem großen Ganzen.** Studien belegen, dass Zeit in der Natur das Wohlbefinden und die Kreativität fördert, die Verbindung zwischen unseren Gehirnzentren erhöht, für innere Ruhe und Reflexion sorgt. Ein halbstündiger Spaziergang im Wald oder Park kann Dich also inhaltlich weiter bringen als ein ganzer Nachmittag am Schreibtisch. Ganz egal, in welcher Form Du Dich am liebsten durch die freie Natur bewegst: gehend, laufend, lustwandelnd, schwimmend oder radfahrend. Es kann auch wundervoll inspirierend sein, sich einen Platz an einem Fluss, Bach oder See zu suchen, am Wasser mit etwas Wind in den Haaren den Gedanken freien Lauf zu lassen und dann mit Stift und Papier für Deine Zwecke wieder einzufangen. Raus mit Dir, dabei die tiefen Lungenzüge nicht vergessen!

- **Haptisches Gestalten mit der rechten Gehirnhälfte.** Die rechte Gehirnhälfte versorgt Dich mit kreativen Impulsen, ganzheitlichen Zusammenhängen und intuitivem Wissen. Hier erfolgt Denken nicht nach einem festen Muster, sondern nach Eindrücken. So sitzt auch das Gedächtnis für Erlebnisse großteils hier. Du kannst diese rechte Hemisphäre aktivieren, dementsprechend für Inspiration und neue Perspektiven sorgen, wenn Du Dein haptisches Erleben und Spüren förderst. Was machst Du gerne, bei dem Du haptisch aktiv wirst? Das kann alles sein, bei dem Du Dich kreativ zum Ausdruck bringst, Deine Umgebung gestaltest und beeinflusst: sei es ein liebevoll gedeckter Tisch, ein gemaltes Bild, ein selbst gebundener Blumenstrauß, ein genussvoll zubereitetes Mahl, Dein gestalteter Schreibtisch oder Raum – alles jeweils sichtbarer, greifbarer Ausdruck Deiner selbst. Du bringst Dich damit in sinnlich-inspirierte Stimmung, mit der Du Dich an die Vorbereitung Deines Auftritts heranmachst. Du hast dafür etwas zum Schreiben in Deiner Nähe und lässt alle Einfälle zwischendurch auf Papier fließen – ein kreatives Gebären im Flow. Das, was Du sagen wirst, wird vielschichtiger, facettenreicher und individueller dank der Ideen, freien Assoziationen, Querverbindungen, Geschichten, die Dir dabei einfallen, aber verkrampft am Schreibtisch sitzend verborgen blieben. Unser Kühlschrank ist selten so sauber, mein Schreibtisch selten so leer und das Kindergewand selten so zusammengelegt wie an Tagen, an denen ich Workshops, Vorträge und übrigens auch Buchkapitel konzipiere. Komm jetzt bitte nicht auf die Idee, dass das etwas mit Prokrastination zu tun hätte, denn mir hilft das, aus der angespannten Grübelei herauszukommen und in einen gestalterischen Flow zu kommen. Klarheit und Schönheit im Außen verbreiten – sei es auch nur die Gemüselade –, hilft mir, zu Klarheit und Ästhetik im Innen zu finden. Ich werde mir bewusst, was mich gedanklich vordergründig beschäftigt und werde beschenkt von oft unerwarteten Geistesblitzen und Ideen. Genieße Deinen Flow und lasse Dich von Dir selbst inspirieren!

- **Bewusstes Eintauchen in gute Qualität.** Wie Du in den Wald hineinrufst, so kommt es zurück. Input beeinflusst Output: Um gute Qualität zu liefern, hilft es, sich mit guter

Qualität zu umgeben. Ich möchte Dich daran erinnern, bewusst zu wählen und zu steuern, was Du auf Dich einwirken lässt, was Du etwa abends vor dem Schlafengehen an der Pforte zu Deinem Unterbewusstsein in Dich hineinlässt. Die Freude daran, sich guter Qualität zu verschreiben und gute Qualität zu liefern, ist der gesunde, lustvolle Gegenpol zum stressigen Perfektionismus. Welche Sprache und Narrative wir lesen und hören, wirkt sich auf unseren Sprachgebrauch aus: Gute Literatur, fundierte Nachrichten, Inhalt mit Substanz und Mehrwert wirken sich anders aus als die teils flache, kurzsilbrige Sprache sozialer Medien oder wenig recherchierter Medienangebote. Der narrative Rhythmus und Tiefgang zeitlos guter Literatur bringt Dich in tiefere Ebenen Deines Wahrnehmungsvermögens und ist sprachlich die reichhaltigere Nahrung. Lass Dich überraschen, wie sich Dein spontanes Vokabular dadurch vervielfacht und Du noch kraftvoller das in Dir Schlummernde zum Ausdruck bringst.

ZUR DAUER DER VORBEREITUNG & ERLEICHTERUNG DER IMPROVISATION

Winston Churchill – bekannt für seine geballte Redekunst und Ausdruckskraft, sowie übrigens Nobelpreisträger für Literatur – soll auf die Frage, wie lange er für die Vorbereitung seiner Reden brauche, Folgendes geantwortet haben: Wenn er nur zehn Minuten sprechen dürfe, brauche er mindestens eine Woche, für eine Stunde brauche er zwei Tage, wenn er aber so lange reden könne, wie er wolle, könne er gleich loslegen. Für TED-Talks gibt es die Daumenregel: Pro Vortragsminute braucht es eine Stunde an Vorbereitung. Wenn Du Deinen Reisekoffer und Deine VVVs (Deine Values–Visions–Vibes, dazu gleich mehr) im Blick behältst, hast Du mit Deiner Vorbereitung schon lange begonnen. Es hilft, mit dem Thema, mit dem konkreten Anlass, mit Deinem

Bühnenziel rechtzeitig in den Flow zu gehen und darüber zu brüten, damit Du dann, wenn Dein Auftritt bevorsteht, inhaltlich aus dem Vollen schöpfen kannst, sodass das Ganze nur noch Struktur- und Feinarbeit benötigt – das Credo der Rampenfrau ist ein kreatives Gebären statt verkrampfter Kopfgeburten. Das macht Deine Inhalte tiefgängiger und facettenreicher und Deine Vorbereitung um einiges entspannter.

Eine Anmerkung noch: Gute Vorbereitung darf nicht zum Vorher-noch-aber-dann-Versteckspiel werden (vgl. S. 67). Keine Frage, gute Vorbereitung gibt Klarheit darüber, was Du sagen wirst, und zudem ein Gefühl von Sicherheit und Struktur im Kopf. Doch sie soll nicht in endlose Perfektion ausarten und Dich von Spontanität und Improvisation abhalten. Die brave Schülerin in uns perfektioniert, während die Rampenfrau weiß, wohin sie will, Mut zur Lücke hat und auch mal improvisiert.

Was aber heißt eigentlich improvisieren und warum haben viele eine große Scheu davor, einige sogar richtig Angst, nicht perfekt vorbereitet zu sein, sondern improvisieren zu müssen? Es hat in den seltensten Fällen mit mangelnder Kompetenz zu tun (und nein, Du gehörst nicht zu den seltenen Fällen!). Es ist vielmehr eine Frage des Vertrauens und Zutrauens – sich selbst, der Situation, den anderen gegenüber. Improvisation bedeutet, Deinen Ressourcen zu vertrauen und spontan auf sie zuzugreifen, sie so zu nutzen, wie Du sie gerade brauchst. Improvisation kann entlastend und befreiend sein, etwas Freies und Kreatives. Somit gilt wie immer: Je besser Du für Dich selbst sorgst, schaust, dass Du Dich in der Situation möglichst wohlfühlst, desto leichter fällt es Dir, das für den jeweiligen Moment Passende aus Deinem Reisekoffer zu holen. Improvisation bedeutet auch, aufmerksam die jeweilige Situation samt Unvorhersehbarkeiten zu erfassen, um dann umsichtig, flexibel und fluide

agieren zu können. Es gilt, offen dafür zu sein, was gerade ist, statt an einem vorgenommenen Soll zu kleben und an Moment und Menschen vorbeizuagieren. Ich möchte Dich daher ermutigen, Raum für Improvisation zu lassen und die Magie des Moments für Dich und Deine Botschaften zu nutzen.

DIE VVV-VORBEREITUNG VALUES, VISIONS & VIBES

Die Fragen „Wofür stehe ich? Wo will ich hin? Welche Stimmung möchte ich erzeugen?" öffnen weitere inhaltliche Räume als eine platte „Was soll ich sagen?"-Annäherung. Das sind Fragen nach den Werten, die Dich und Deine Inhalte ausmachen und für die Du stehst. Diese Art der inhaltlichen Annäherung an einen Bühnenmoment führt in Einzelcoachings immer wieder zu folgendem Situationsklassiker: Irgendwann kommt der Moment, in dem wir uns zurücklehnen und den Blick auf dieses große Ganze werfen, auf den größeren persönlichen und beruflichen Zusammenhang, den Kontext, in den die jeweilige Person und ihre Inhalte eingebettet sind, auf das, worum es der jeweiligen Person tief drinnen wirklich geht. Oft bricht in diesem Moment die ursprüngliche Begeisterung hervor, die mit dem Thema verbunden ist. Plötzlich verschwindet der Druck, förmlich präsentieren zu müssen – stattdessen wird die ursprüngliche Motivation für die Thematik wiederentdeckt, der anstehende Bühnenmoment als Nutzungschance dafür gesehen. Das ist jedes Mal aufs Neue ein erleichterndes Aha. Die Freude zeigt sich unmittelbar im Gesichtsausdruck, in der Stimme, in der Körpersprache. Die Rampenfrau beginnt zu sprudeln. Der Inhalt bekommt eine größere Bedeutung, eine klare Richtung, ist durchzogen von Begeisterung. Begeisterung begeistert. Der Auftritt wird authentisch und ansteckend.

Augen auf für Dein großes Ganzes. Sobald Du in die Spur Deiner Vision steigst, ergibt Bühne gleich viel mehr Sinn. Oft wird das Warum dann klar und macht die Sicht frei für Deine Kernbotschaften. Wenn Du weißt, wohin Du willst, wird der Weg plötzlich sonnenklar.

Statt Dich vom kurzfristigen Vorbereitungs-To-do stressen zu lassen, lässt Du Dich von Deinen **Values** aufrichten, von Deiner langfristigen **Vision** ziehen, und von Deinen Vibes in Stimmung bringen. Im Folgenden möchte ich Dir ein paar Anregungen geben, um Deine drei Vs wieder bewusster wahrzunehmen und Dir dessen gewahr zu werden, wer Du bist und wofür Du stehst.

VALUES
WERTE, DIE DICH AUSMACHEN

Laut Definition des Webster's Dictionary sind Werte „Prinzipien, Qualitäten oder Entitäten, die intrinsisch wertvoll oder wünschenswert sind." Werte bündeln das, was wir wollen und uns wünschen. Sie geben uns ein Gefühl von Sinnhaftigkeit. Sie sind ein innerer Kompass, eine Motivationsquelle, die DNA unserer Ausrichtung, Haltung und Identität in einem. Sie kommen in unserem Handeln und unseren Aussagen zum Ausdruck, meist ganz unbewusst. Sie sind der Grund, warum Du etwas tust und sagst. Wenn etwa die Sicherheit ein für Dich wesentlicher Wert ist, wirst Du andere Entscheidungen treffen, andere Worte und Erklärungen wählen als geführt vom Wert der Freiheit. Ähnlich verhält es sich mit anderen Werten, die sich wie zwei Pole gegenüberstehen, wie etwa Flexibilität und Stabilität, Kreativität und Struktur.

Werte können andere anziehen, aber auch abstoßen. Es tut gut, verbindet und gibt Bestätigung, sich in Werten anderer wiederzufinden. Divergieren die Werte, können sich Widerstände in Deinen Zuhörerinnen aufbauen. Wird Dein Vortrag vom Wert der Flexibilität getragen, ist aber eine wichtige Entscheidungsträgerin in Deinem Publikum vom Wert der Stabilität geprägt, wirst Du sie selbst mit den stärksten Argumenten schwerlich überzeugen können. Daher ist es dermaßen wichtig, sich dieser Werteebene bewusst zu sein, denn nur so kannst Du einen allfälligen Widerstand oder Konflikt auf der richtigen Ebene erkennen und für eine größere Auflösungswahrscheinlichkeit adressieren.

Wofür Du stehst und was Du verkörperst, macht einen großen Teil Deiner Botschaft aus, gibt ihr einen Rahmen, ist Teil Deiner – wie man heute gerne sagt – Personal Brand. Dir Deiner Werte bewusst zu werden, unterstützt Dich bei einer bewussten Gestaltung dieser Ausrichtung. Eine witzige Geschichte über das Ausmaß der Prägung durch unsere Werte und dem, was wir von uns preisgeben oder lieber verborgen halten, habe ich vor Jahren im Feuilleton einer deutschen Wochenzeitung gelesen. Es ging um einen kulturellen Vergleich, der die unterschiedlichen Prioritäten zeigen sollte, wie sich Menschen aus unterschiedlichen europäischen Ländern bei kurzfristigem Besuch verhalten. Angesichts überraschend näher rückender Gäste stürzen sich die Deutschen angeblich zuerst aufs WC, um dieses gründlich zu putzen und dort einen sauberen Eindruck zu hinterlassen. Dieser Fokus scheint in Frankreich eher vernachlässigbar. Man eilt eher in die Küche, sorgt für guten Wein und ein paar improvisierte Häppchen. Auf der Werteebene steht die Sauberkeit dem Genuss gegenüber. Stell Dir vor, Du wärst die Gastgeberin, Dein Publikum Deine Gäste. **Welche Werte servierst Du? Was hat in Deinem Wertekodex oberste Priorität?** Das sind Fragen, denen Du Dich in der Vorbereitung widmen kannst, um Deine Bühnen noch bewusster zu gestalten.

Um Dir Deiner eigenen Wertvorstellungen klar zu werden, habe ich Dir im Folgenden eine Liste an unterschiedlichsten

Werten zusammengestellt. Nimm Dir einen Augenblick Zeit und denke darüber nach, welche Werte Dich anziehen. Welche Werte motivieren Dich? Welche Werte sind Dir im Hinblick auf Deinen anstehenden Bühnenmoment besonders wichtig? Suche Dir drei Werte aus, die Du generell in Deinem Leben ab jetzt mit mehr Bewusstheit verkörpern oder in einer konkreten Bühnensituation priorisieren möchtest. Ich weiß, wie schwierig das ist, sich auf drei Werte zu beschränken, aber Du schaffst das und es wird Dir helfen, Dir in Deiner Haltung, inhaltlichen Ausrichtung und in der von Dir verbreiteten Stimmung klarer zu sein.

Engagement
Liebe
Akzeptanz
Ruhm
Leistung
Kreativität
Weisheit
Anerkennung
Rücksicht
Aufregung
Lust
Flexibilität
Träumen
Freundschaft
Eleganz
Wärme
Einzigartigkeit
Kultur
Sozial sein
Ruhm
Würde
Reichtum
Fülle

Stabilität
Wertschätzung
Fairness
Sorgfalt
Bescheidenheit
Gleichmut
Wissen
Einsicht
Sportlichkeit
Charisma
Ästhetik
Macht
Würde
Vielfalt
Erfolg
Ausgeglichenheit
Gerechtigkeit
Fröhlichkeit
Ernsthaftigkeit
Natürlichkeit
Klugheit
Leidenschaft
Neugierde

Fantasie
Treue
Einssein
Herausforderung
Lachen
Besonnenheit
Geduld
Wandel
Perfektion
Genialität
Kompetenz
Hingabe
Unabhängigkeit
Integrität
Menschlichkeit
Güte
Zuversicht
Beständigkeit
Achtung
Gelassenheit
Weltbürgerin sein
Häuslichkeit
Harmonie

Freiheit
Verantwortung
Glück
Freude
Selbstbestimmung
Ruhe
Gelassenheit
Loyalität
Natürlichkeit
Sicherheit
Spiritualität
Gesundheit
Austausch
Großzügigkeit
Nachhaltigkeit
Begeisterung
Frieden
Spaß
Klarheit
Offenheit
Großzügigkeit

Präzision
Besonnenhei
Glaubwürdigkeit
Beharrlichkeit
Ausdauer
Tradition
Lust
Herzlichkeit
Achtsamkeit
Mitgefühl
Sinn
Humor
Leichtigkeit
Natur
Frohsinn
Behutsamkeit
Effektivität
Effizienz
Bewusstheit
Hoffnung
Optimismus

Ehrlichkeit
Frieden
Verbundenheit
Beweglichkeit
Vernetzung
Integration
Lebensfreude
Weiterentwicklung
Schutz
Gemeinschaft
Zugehörigkeit
Balance
Innovation
Charisma
Ästhetik
Macht
Würde
Vielfalt

Welche Werte willst Du verkörpern?
Wofür stehst Du?

1. ________________________________
2. ________________________________
3. ________________________________

Wie kannst Du diese Werte auf Deinen Bühnen (körper-)sprachlich noch mehr zum Ausdruck bringen? Wenn Deine Aussagen mit Deiner inneren Haltung in Einklang sind, kommen sie nicht nur als Sprechblasen aus Deinem Mund und stehen im Raum, als hätten sie nichts mit Dir zu tun, sondern fließen aus jeder einzelnen Deiner Poren. Das sind aussagekräftige, authentische Ansagen, die aus der Haut kommen und unter die Haut gehen. Du bist die Botschaft. Du verkörperst sie und bringst sie mit allem, was Du bist, zum Ausdruck. Deine Zuhörerinnen wiederum verbinden die Botschaft mit Dir und erleben Dich als Expertin dieser Inhalte. Du positionierst Dich mit dem, wofür Du stehst und mit Deinem individuellen Blickwinkel. Das macht Dich aus. Das ist die Expertise und Haltung, mit der Dich andere in Verbindung bringen. Wenn Du weißt, wofür Du stehst, lässt Du Dich auch nicht so leicht von kritischen Kommentaren oder skeptischen Fragen aus der Fassung bringen. Dann haut Dich nichts so schnell um.

Die vielen kleinen Bühnen des Alltags bekommen dadurch wieder eine größere Bedeutung und es ist leichter, sich für sie zu motivieren. Sobald Du sie im Sinne Deiner Werte in Dein großes Ganzes bettest und integrierst, erschließt sich wieder der Sinn dieser kleinen Bühnenpuzzleteile für Deine Vision – dort, wo Du hin möchtest.

VISIONS
EINE KRAFT, DIE DICH ZIEHT

Mit Visionen meine ich jetzt keine Halluzinationen oder übernatürlichen Erscheinungen, kein Rockstar-LSD-Trip im Backstagebereich, der alles zum Leuchten und Strahlen, Dich zum Schweben in die Selbsterhöhung bringt. Im Gegenteil. Ich empfinde die Annäherung an innere Bilder als etwas Ruhiges und Zartes. Es ist wie ein langsames und leises Erblühen, während rund um uns herum große und laute Bilder mit all ihren

Richtungsangaben unseren Fokus besetzen wollen. Letztere bieten uns selten eine passende Einheitslösung. Natürlich tut es gut, sich von Menschen inspirieren zu lassen, die Deine Vorstellung bereits leben. Es tut gut, ihre Biografien zu lesen, in Interviews oder Vorträgen mehr über sie und ihren Weg zu erfahren – vielleicht findest Du dort sogar Hinweisschilder für Deine eigene Reise. Doch schlussendlich weißt nur Du, wie Du auf Deinen Bühnen sein willst, was Du dort verkörpern, was Du dort erschaffen, bezwecken und in die Welt bringen willst. Je klarer Deine innere Vorstellung davon ist, desto aufrechter und sicherer stehst Du dort, desto klarer werden Deine Worte.

Visionen konkretisieren unsere Wertvorstellungen und bringen sie zum Ausdruck, besagt das NLP. Eine Vision ist die innere Vorstellung dessen, was Du erreichen willst. Sie gibt die Richtung an, in die Du Dich entwickeln willst. Sie drückt aus, wohin Du gehen willst. Sie ist ein motivierendes, positiv formuliertes Zukunftsbild, löst positive Emotionen aus, begeistert und animiert Dich zum Losgehen. Sie macht Dir keinen Druck von hinten. Sie zieht Dich nach vorne.

Bei jedem Selbstausdruck geht es darum, die inneren Bilder von innen nach außen zu bringen. Was hilft Dir also, um in den Kontakt mit Deinen inneren Bildern zu kommen? Bei welchen Tätigkeiten, an welchen Orten wird Dir wieder bewusst, wer Du bist und wohin Du willst? Bei mir kann das die Magie der Stille in der Natur oder in Meditationen sein, genauso aber ein lautes Rockkonzert oder eine mich zum Springen bringende House-DJane. Last Night a DJ saved my life. Ich glaube, bei Visionen geht es darum, den eigenen Vogel zu erkennen und ihn zuzulassen – bzw. ihn eben nicht zuzulassen, sondern frei fliegen zu lassen.

Wo willst du hin?
Wofür gehst du mit deinen Worten und Taten los?
Welchen Vogel lässt du auf deinen Bühnen fliegen?

Vertraue Deinen inneren Bildern, folge ihnen und lasse sie raus! Vertraue Deinem Vogel und lass ihn fliegen! Vögel muss man fliegen lassen. Wahrscheinlich war es genau das, warum Goethe davon ausging, dass wir Wurzeln und eben auch Flügel brauchen. Spürst Du sie?

VIBES
STIMMUNG FÜR DEINE BOTSCHAFTEN

Deine Vibes sind die Transmitter Deiner Botschaften. Sie prägen Stimmung und Atmosphäre im Raum sowie das, was Deine Worte mit Deinen Zuhörerinnen machen, was sie in ihnen bewirken. **Welche Stimmung möchtest Du erzeugen?** Was soll geschehen, während die Worte aus Deinem Mund kommen? Je klarer und bewusster Du Dir dessen bist, desto mehr wirst Du

Deine Zuhörerinnen auch mitnehmen können. Vorbereitung passiert also nicht nur inhaltsbezogen, sondern fragt feinstofflich nach Deiner inneren Ausrichtung. Basierend auf der jeweiligen Absicht hat bereits Aristoteles zwischen drei Redegattungen unterschieden: der Beratungs-, Gerichts- und Festrede.

In die Jetztzeit übersetzt wird je nach Absicht zwischen drei Redearten unterschieden: 1. informierende Reden, wie Fachvorträge, Referate, Formate der Wissensvermittlung; 2. motivierende Reden, die das Publikum zum Handeln bewegen sollen, wie etwa Wahlkampf- oder Auftaktreden von Führungskräften und 3. unterhaltende Reden bzw. Redeabschnitte, wie etwa bei Jubiläen, Dankes-, Wertschätzungs- und Inspirationsreden. In einer Keynote, einem TED Talk, eigentlich in fast jedem guten Vortrag kommen alle drei vor. Absicht und Art der Rede bestimmen, mit welcher Rolle und Energie, mit welchem Vibe Du in diese zwischenmenschliche Interaktion gehst. In *Die Macht der Rhetorik* verknüpft Roman Braun diese drei Redetypen mit drei unterschiedlichen Rollen als Rednerin: So trittst Du in der informierenden Beratungsrede als Mentorin, in der motivierenden Gerichtsrede als Macherin und in der unterhaltenden Festrede als Muse auf.[35] **Statt Dir Rollen zuschreiben zu lassen, steigst Du in die Rollen, die Du für Dich selbst wählst.** Jede Rolle, jede Absicht bringt eine unterschiedliche Energie und Stimmung in Deine Botschaft: Die Mentorin steht für Einfühlungsvermögen und Sensibilität, die Macherin vermittelt Effektivität und Aktivität, die Muse verkörpert Einfallsreichtum und Flexibilität, so Braun.

---

35 Roman Braun (2008). Die Macht der Rhetorik. München: Piper, S. 54.

WELCHE STIMMUNG TRÄGST DU IN DIR? WELCHE STIMMUNG VERMITTELST DU?

BIST DU MENTORIN, DIE …

- ☐ Verständnis für ihre Zuhörerinnen zeigt,
- ☐ sie berät und
- ☐ ermutigt?

BIST DU DIE MACHERIN, DIE …

- ☐ kundtut,
- ☐ überzeugt und
- ☐ motiviert?

BIST DU DIE MUSE, DIE …

- ☐ inspiriert,
- ☐ unterhält und
- ☐ berührt?

Du bist dabei völlig frei und musst Dich nicht für eine dieser neun Möglichkeiten entscheiden, sondern kannst unterschiedliche Absichten und damit verbundene Stimmungen je nach Bedarf und Botschaft einfließen lassen. So kannst Du zum Beispiel Deinen Vortrag als unterhaltende Muse beginnen, im Anschluss als Macherin überzeugen, um schlussendlich als verständnisvolle Mentorin einen ermutigenden Schluss zu finden.

Die Wahl des Redetyps und der Rolle bestimmt Deinen Ton, Deine Stimme, Wortwahl und Körpersprache, Deinen gesamten verbalen und nonverbalen Ausdruck. Unterhaltende Redeabschnitte brauchen klarerweise mehr Humor und Pathos als etwa die informierenden sachbezogenen Passagen, während motivierende Reden eine extra Portion große Gesten vertragen können. Mache Dir also diese unterschiedlichen Energien und Stimmungen bewusst und setze sie entsprechend Deiner Persönlichkeit, Deinem Bühnenziel, Deiner Tagesverfassung, also Deines tagesaktuellen inneren Vibes, ein. Der Fokus liegt darauf, dass es sich stimmig anfühlt und Du Du selbst bleibst.

HIRN, HERZ UND HÄNDE: DIE FRIEDVOLLE KRIEGERIN & IHR BÜHNENZIEL

Jeder Schritt Richtung Bühne ist ein Schritt zu Dir und Deinem Ziel. Nimm Dir daher einen Moment Zeit oder reflektiere auch gerne ein paar Tage lang darüber, was genau Du mit Deinem Bühnenmoment erreichen möchtest. Ein klares Ziel vor Augen ist das beste Hilfsmittel für die inhaltliche Fokussierung. **Wozu ergreifst Du das Wort? Was soll geschehen, wenn du es ausgesprochen hast?**

Ich möchte Dich jetzt gerne wieder zu einer kurzen Yogaauszeit animieren. Lass Dich überraschen, wie geschärft plötzlich Dein Blick wird für Dein Ziel, wenn Du in der Haltung der Kriegerin stehst. Mit diesem Fokus bündeln und fügen sich Inhalt und Struktur, samt der von Dir verbreiteten Stimmung. Bühne ist nie nur ein reiner Selbstzweck, sondern eine Chance, für Deine Werte einzustehen und Deiner langfristigen Vision ein Stück näherzukommen.

DER SCHRITT INTO YOUR STORY

Du stellst Dich in die Haltung der Kriegerin, schaust in Richtung Deiner Vision am Horizont und visualisierst in der Verlängerung Deiner ausgestreckten Finger vor Dir Dein Bühnenziel, also das, was Du ganz konkret mit der bevorstehenden

Interaktion erreichen willst. Zielgenau gehst Du jetzt in Gedanken darauf zu. Diese Kriegerin ist friedvoll, verletzt niemanden. Sie hat ein klares Ziel vor Augen und setzt all ihre Fähigkeiten und Möglichkeiten dafür ein, geht zielstrebig darauf los, um es zu erreichen – mit jedem Wort, das sie sagt, und mit allem, was sie verkörpert. Nebenbei steigert diese Yogahaltung nicht nur Deinen Fokus, sondern kalmiert und bündelt auch die aufgeregte Energie im Körper, macht stark und mutig. Was willst Du mehr? Kein Denken mehr daran, je eine Bühne zu betreten, ohne vorher die Größe der Göttin und die Klarheit der Kriegerin in Dir zu aktivieren.

Anleitung zur Yogahaltung Die Kriegerin

Du stehst aufrecht und beginnst mit der linken Seite, indem Du die Beine eine Beinlänge grätschst und den linken Fuß 90 Grad nach links ausdrehst. Den rechten Fuß drehst Du 15–30 Grad nach innen in Richtung des linken Fußes ein. Die Fersen bilden eine Linie.

Nun beugst Du das linke Bein in einem 90-Grad-Winkel. Achte dabei darauf, dass das linke Knie oberhalb des Fußgelenks stabil bleibt – winkle also nicht mehr als 90 Grad ab und kippe auch nicht nach links oder rechts weg. Das schont Deine Gelenke.

Drücke die Außenkante des rechten Fußes fest in den Boden. Die Innenwölbung des Fußes bleibt erhalten, das gesamte rechte Bein wird aktiv gedehnt. Dein Oberkörper ist aufgerichtet – das Steißbein nach unten und die Kopfkrone nach oben wachsend. Dein Becken ist offen in einer Linie parallel zum Oberkörper.

Du streckst Deine Arme nach vorne und hinten aus, Handflächen nach unten. Du baust Spannung bis in die Fingerspitzen auf, fokussiert Deinen Blick entlang der Spitze Deines Mittelfingers nach vorne – in Richtung Deines Bühnenziels. Schultern rollen entspannt nach hinten und unten. Du hebst sanft Dein Brustbein an, bist voller Konzentration und zentriertem Tatendrang. Lasse Deinen Atem langsam und sanft fließen, spüre die Kraft in Deinen Beinen und die Klarheit in Deinem Kopf. All die diffus wirbelnde Lampenfieberenergie fließt jetzt in diese Kraft und Klarheit in die Richtung Deines Bühnenziels.

Du beendest die Übung, indem Du das linke Bein streckst, die Arme senkst und wieder in die Ausgangsposition zurückkommst, um die Übung mit dem rechten Bein abgewinkelt nach vorne zu wiederholen.

DIE HHH-FORMEL

Du brichst die Frage nach Deinem Ziel auf drei Ebenen herunter: Was willst Du im Hirn, im Herzen und in den Händen Deines Publikums bezwecken? Welche Gedanken, welche Ideen, welche Gefühle, welche Taten sollen Deine Worte bei Deinen Zuhörerinnen auslösen? Dabei denkst Du an sie nicht als Kollektiv, sondern als einzelne Menschen. Es kann ja durchaus sein, dass Mister Research & Development in der zweiten Reihe emotional berührt und gedanklich inspiriert werden soll, Du gleichzeitig Frau Finanzia dazu bringen willst, im Anschluss an Deine Präsentation eine budgetäre Freigabe per E-Mail zu bestätigen. Du gehst diese Menschen gedanklich durch und überlegst Dir, bei wem Du welches Ziel erreichen willst. Oder möchtest Du vielleicht die breite Masse einfach nur unterhalten, aber einen Einzigen dazu animieren, die Matura nachzuholen oder seine Freundin davon zu überzeugen, bei Claudia Novak ein Female-Potential-Programm für ihr Unternehmen zu buchen.

Du überlegst dabei immer auf Ebene von Hirn, Herz und Händen, um Dein Ziel möglichst konkret und klar vor Augen zu haben:

WAS IST DEIN ZIEL? WAS WILLST DU MIT DEINEM AUFTRITT ERREICHEN?

HIRN

Was soll in den Köpfen der Zuhörerinnen passieren? Welche Gedanken, Ideen und Einfälle sollen sie haben, welche Schlüsse sollen sie ziehen? Zu welcher Kopfentscheidung willst Du sie bringen?

HERZ

Welches Gefühl sollen sie bekommen – währenddessen und auch danach? Was soll das Gesagte emotional bei ihnen bewirken? Zu welcher Bauchentscheidung willst Du sie animieren?

HÄNDE

Welche konkreten Taten sollen sie setzen? Einen Auftrag erteilen? Eine Empfehlung aussprechen? Sich die Krawatten vom Leib reißen und tanzen?

Das muss in der Umsetzung nicht unbedingt zu einem direkten Call-to-Action werden, sondern kann auch subtil daherkommen. Wichtig ist, dass Du weißt, wo Du hin- und Dein Publikum haben willst. Je klarer Du dein Ziel vor Augen hast, desto leichter und schneller kommen wir in den nächsten Schritten voran.

Zwei goldene Regeln gibt es bei der Ausformulierung Deiner Ziele noch zu beachten:

- **Kurz, klar & in der Gegenwart.** Schreibe jedes Ziel in einfachen, klaren Worten und kurzen Sätzen auf. Subjekt, Prädikat, Objekt. Keine Schachtelsätze. Kurze und klare Sätze, die Dir als Ziel dienen, wenn Du Dich als friedvolle Kriegerin daraufhin ausrichtest. Mr. R&D ist dem Thema gegenüber positiv gestimmt. Er wird gute Stimmung dafür in seinem Team machen. Frau Finanzia gibt das Budget frei. Seine Freundin bucht bei Claudia Novak das Female-Potential-Programm. Du siehst es buchstäblich vor Dir, Du spürst, wie es sich anfühlt, wenn es erreicht ist. Du formulierst die Sätze so, als wäre das Ziel bereits erreicht, als wäre die anvisierte Zukunft bereits die Gegenwart. Du bist mit all Deinen Sinnen mit diesem klaren Ziel verbunden.

- **Positiv formuliert.** Unser Unterbewusstsein kennt keine Verneinung. Denke jetzt nicht an eine Babykatze! Voilà. Ein visualisiertes Ziel ist immer ein Positiv, das Du sehen kannst, und kein Negativ, das Du Dir wegdenken musst. „Ich möchte, dass sie nicht denken, dass ich mich nicht auskenne." Stattdessen: „Mein Publikum schätzt meine Kompetenz. Es behandelt mich respektvoll als Expertin."

IN DEN SCHUHEN DER ZUHÖRERINNEN

Ist es nicht verrückt, wie groß die Angst vor Menschen sein kann, nur weil wir vor ihnen stehen und ihnen etwas erzählen? Die Vorbereitung auf einen solchen Moment liegt nicht nur in der Klärung, worum es Dir geht und wie Du das zum Ausdruck bringst, sondern auch in der Reflexion über die Menschen, die Du erreichen und für Dein Bühnenziel gewinnen möchtest. Es liegt an uns, ob wir die anderen in der Vorbereitung als potenzielle Richterinnen und Rivalinnen sehen, als Menschen, die uns bewerten, über uns urteilen, uns kritisieren oder infrage stellen könnten – oder eben als potenziell Wohlgesonnene, mit denen wir in einen wertschätzenden Austausch treten.

Du weißt, was Du von Deinem Publikum willst. Jetzt solltest Du erfahren, **was Dein Publikum von Dir will.** Das Schöne an der Bühne ist ja, dass uns Menschen ihre Aufmerksamkeit schenken – ein kostbares Gut. Was hältst Du davon, sie besser kennenzulernen und mehr über sie zu erfahren? Das erweitert und bereichert Deinen Blickwinkel auf das, was Du zu sagen gedenkst, und es hilft Deiner Beziehung zum Publikum und dessen Resonanz.

Wenn Du Dir vorab Fragen über Dein Publikum stellst, um ihren Standpunkt und ihre Perspektive kennenzulernen, wird aus einer potenziellen Kritikerin eine potenzielle Freundin. Besonders die Dir diametral kritisch gegenüberstehenden Perspektiven, die besonders herausfordernden Blickwinkel verhelfen Dir zu einem breiteren Spektrum. So wachsen Du und Deine Inhalte sowohl in die Breite als auch in die Tiefe. Als ich kurz nach der Gründung von Women on Stage! mein Seminarangebot für Unternehmen

einem Geschäftsführer vorstellte, sah er mich entgeistert an und sagte: „Meine Damen sind nicht auf den Mund gefallen. Die brauchen so etwas nicht", kehrte aber meine begeisterte Rückfrage „Dann haben Sie sicher viele Frauen in Führungspositionen?" nuschelnd vom Tisch. Später sagte mir eine „seiner" Damen aus der Personalabteilung: „Wir bräuchten das eigentlich dringend, aber der Chef versteht das nicht." Wie Du Dir denken kannst, hat mich genau sein Blickwinkel in der inhaltlichen Ausarbeitung meiner Argumentation für spätere Gespräche immens weitergebracht.

Indem Du Dich auf Dein Publikum vorab einstellst und mit den einzelnen Menschen (oder bei großem Publikum auf einzelne Menschengruppen) schon vorab in Verbindung trittst, übst Du Dich explizit ihnen gegenüber in Respekt und Wertschätzung. Das macht sich dann in Deiner Haltung und Stimmung bemerkbar: Mit der Art, wie Du an Dein Publikum herantrittst, bringst Du Deine Meinung und Dein Vertrauen in es zum Ausdruck. Dementsprechend fühlen sich die Menschen entweder angesprochen, abgeholt und als vollwertig behandelt oder herabgesetzt und bevormundet.[36] Es ist ein Urbedürfnis des Menschen, mit den eigenen Bedürfnissen und Interessen gehört und gesehen zu werden. Eine **gute Rednerin** ist daher auch eine **gute Zuhörerin,** denn sie nimmt ihr Publikum in all seinen Facetten und Nuancen wahr. Sie hört und sieht ihr Publikum. Ihre Zuhörerinnen finden sich in ihren Aussagen wieder, haben das Gefühl, sie spräche mit ihnen, ihnen förmlich aus der Seele. Die einzelnen Personen fühlen sich gehört und somit angesprochen.

Oft klingt der Marketing-Sprech über Zielgruppenfokus für mich äußerst martialisch: Die Positionierung und Botschaften gilt es dabei, so zuzuspitzen, als sollten wir harpunengleich auf Bedürfnisse und Sehnsüchte unserer Zuhörerinnen zielen

---

36 von Thun (2001), S. 28.

und mitten in ihr offenes Herz treffen. Jagdartiges spitzes Verkaufen ist nicht meine Philospohie. Ich will niemandes Hölle heißer machen, zu meinen Gunsten in jemandes Wunden bohren, um mich in der Folge als Retterin zu verkaufen. Ich möchte sanft statt spitz an mein Publikum herantreten, es einladen und mitnehmen, es für meine Vision begeistern und zu meinem Bühnenziel animieren. **Nicht Verkaufsbeute jagen. Lieber Verbündete sammeln.**

„Gehe hundert Schritte in den Schuhen eines anderen Menschen, wenn Du seinen Blickwinkel kennenlernen und ihn besser verstehen willst“[37], so heißt das Empathie-Credo der Rampenfrau. Denn so schlüpfst Du in die Schuhe Deiner jeweiligen Zuhörerinnen, um ihre Bedürfnisse, ihre Eigenheiten und Interessen, ihre Befürchtungen und Skepsis, ihre übergeordneten Agenden und dringlichen Ziele erfassen und miteinbeziehen zu können. Nimm Dir einen Moment Zeit, um ein paar Schritte in den Schuhen Deiner wichtigsten Zuhörerinnen zu gehen. Die folgenden Fragen können Dir dabei helfen:

- → Wer und wie sind die Menschen, die Dir zuhören werden? Wenn es eine große heterogene Menge ist, kannst Du sie auch in Gruppen unterteilen.
- → Worauf sind sie neugierig? Was motiviert sie zum Zuhören? Was interessiert sie am meisten an Deinen Aussagen? Was ist der jeweiligen Person(engruppe) am wichtigsten?
- → Was sind ihre Visionen, Values und Vibes?
- → Wie sind sie sozial und politisch eingestellt?

37 Nach einem Sinnspruch der Native Americans: „Walk a mile in somebody else's shoes …“

- → Welchen Erfahrungsstand haben sie in Hinblick auf Dein Thema? Wie vertraut sind sie mit dem Inhalt? Oft erlebe ich, dass die Rednerin sich selbst unterschätzt, ihr Publikum jedoch überschätzt. Dein Publikum will aber auch nicht unterschätzt werden in Hinblick auf seinen Wissensstand.
- → Was bewegt Dein Publikum im Moment Deines Auftritts? Wo steht es gerade emotional und kognitiv?
- → Wo möchten sie selbst hin? Wo und wie könnten sich deren Weg und Dein Weg überschneiden, sodass Ihr ein Stück des Weges gemeinsam geht? Finde Schnittmengen und Synergien, denn das ist auch eine Form der Verbundenheit.
- → Haben die Menschen Probleme, Zweifel, fachliche oder persönliche Widerstände im Hinblick auf Deine Aussagen? Gibt es etwas, auf das sie allergisch reagieren könnten (bestimmte Reizwörter oder strittige Themen, die spezieller Einbettung bedürfen)? Du willst bei niemandem einen mentalen Juckreiz verursachen! Immerhin wollen wir sie abholen statt verschrecken.
- → Was findest Du an Deinen Zuhörerinnen sympathisch? Was schätzt Du an ihnen? „Irgendetwas Nettes findet man an jedem Menschen“, habe ich meine Mutter oft sagen hören. Meistens dann, wenn sie Meetings mit „machoiden Ungustl'n“ vorbereiten musste.
- → Sind all Deine Zuhörerinnen freiwillig hier oder gibt es Zwangsbeglückte, für die es ein spezielles Onboarding braucht?

Natürlich musst Du nicht jede einzelne Frage beantworten, sondern lasse Dich von ihnen inspirieren. Denn Du weißt selbst am besten, welche Überlegungen für Dein bevorstehendes Ereignis am hilfreichsten sind, um die Perspektiven Deines Publikums besser zu erfassen und die passenden Leckerlis für sie in Deiner Tasche griffbereit zu haben.

Zum Thema der Zwangsbeglückung des Publikums habe ich hier noch eine kleine Anekdote für Dich. Denn es kann ziemlich weh tun, wenn Du nicht weißt, dass Dein Publikum nicht freiwillig zuhört:

Ich hatte die Ehre, an einem Freitagnachmittag(!) vor einer zwangsbeglückten Lehrerinnenschaft über Potenzialentfaltung von jungen Frauen zu sprechen. Spätestens, als ich auf das Brave-Schülerinnen-Syndrom zu sprechen kam, das erwachsenen Frauen im beruflichen Fortkommen oft im Weg stehe, dachte ich, bald bei lebendigem Leib gefressen zu werden. Natürlich musste ich ihnen erklären, dass meine tägliche Arbeit darin bestehe, die brave Schülerin aus erwachsenen Frauen wieder herauszubekommen. Doch wäre ich vorab etwas achtsamer in ihren Schuhen gegangen, hätte ich mich an diese inhaltliche Klimax etwas sanfter angenähert und mehr darauf geschaut, sie dort abzuholen, wo sie sind: freitagnachmittags unfreiwillig in der Schule eingesperrt. Es gibt kein schlechtes Wetter, nur unpassende Kleidung, es gibt also meist auch kein ungeeignetes Publikum, sondern nur eine unpassende Vorbereitung. Man kann sich selbst zuliebe aber bei wirklich schlechtem Wetter auch drinnen bleiben und Zimtschnecken essen.

DIE PASSENDEN LECKERLIS IN DER TASCHE

Sobald Du Deine Zuhörerinnen an ihrem gedanklichen und emotionalen Standort verortet hast, ist es an der Zeit, Dir zu überlegen, wie Du sie am besten dort, wo sie stehen, abholen und zu Deinem Ziel einladen und mitnehmen kannst. Was brauchen sie, damit sie Dir vertrauen können? Welche Sprache sprechen und hören sie? Wir alle haben unterschiedliche Vorlieben: Die einen brauchen zuerst den großen Überblick und werden ganz nervös, wenn Du ihnen mit zu viel detailliertem Firlefanz daherkommst; die anderen gewinnst Du nur mit dem Blick fürs Detail und den charmanten kleinen Nuancen und Zwischentönen. Die einen lieben Hollywood und Gefühlskino, andere haben es gerne nüchtern und existentialistisch. Manche wollen ein begleitendes Streichorchester, andere nur einen einzigen Paukenschlag.

Lass uns also sicherstellen, dass Du das Richtige für Dein jeweiliges Publikum dabeihast, seien es der größere Zusammenhang oder die kleineren Details, seien es stimmungsmachende Gefühlsargumente oder logische Abhandlungen. **Makro oder Mikro, Emotion oder Excel.** Welches M, welches E nimmst Du auf Deine Bühne mit? Das sind keine bewusstseinsverändernden Substanze für Dein Rockstarleben, sondern achtsame, gut gemeinte Empathieleckerlis, die Dein Publikum beim besseren Verständnis Deiner Aussagen unterstützen.

M&M
MAKRO & MIKRO
INFORMATIONEN AUFNEHMEN & VERARBEITEN

Schon mal vom sogenannten Chunking gehört? Ein *chunk* ist eine Informationseinheit. Chunking gibt darüber Auskunft, wie ein Mensch seine Aufmerksamkeit nutzt und ob er Erfahrungen in große oder kleine Informationseinheiten gliedert. Je nachdem, auf welcher Ebene der Verallgemeinerung wir unsere Erfahrungen analysieren und beurteilen, variiert die Größe einer Informationseinheit. Chunking ist demnach die Frage nach und das Bewusstsein für die verschiedenen Informationsportionen. Wenn Du eine Situation, ein Problem oder eine Erkenntnis mit großer Detailgenauigkeit wahr-

nimmst, nimmst Du sie in Form vieler kleiner Mikro-Chunks wahr, dann ist Deine Aufmerksamkeit auf viele winzige Details gerichtet. Nimmst Du Informationen nicht detailliert, sondern auf umfassenderer, verallgemeinerter Ebene wahr, dann sind Deine Portionen größer und Du gliederst Informationen in größere Makro-Chunks. Das sind die M&M-Leckerlis in Deiner Tasche.

Du als Rednerin darfst jetzt wieder tanzen. Der Chunking-Dance ist der Tanz auf und zwischen diesen unterschiedlichen Ebenen der Verallgemeinerung und Detaillierung. Du richtest Deine Aufmerksamkeit flexibel auf die kleinen und großen Chunks Deiner Inhalte und tanzt **vom Kleinen ins Große sowie vom Großen ins Kleine.** Du stellst dabei sicher, dass Du für jede die passende Informationsgröße dabeihast. Wenn Du Deine Zuhörerinnen bereits kennst, weißt Du, wen Du mit den faszinierenden Details und der Struktur eines Laubblatts begeistern und auf Deine gedankliche Reise mitnehmen kannst, wen Du aber mit dem Ausblick auf den ganzen Wald, eingebettet in den größeren Landstrich, abholst. Kennst Du Dein Publikum nicht, dann sorgst Du gleich zu Beginn Deines Talks für beides: sowohl Makro- als auch Mikro-Leckerlis.

Je bewusster Du Dich selbst erfährst, du also weißt, wo Deine Wahrnehmungspräferenzen liegen und welche Portionsgrößen Dir am meisten entsprechen, desto leichter ist es, dies für Deine Zuhörerinnen entsprechend zu adaptieren. Wenn Du weißt, dass Du eher eine detailverliebte Mikro-Chunkerin bist, dann baust Du bewusst ein paar große Portionen ein, an die Du sonst aufgrund Deines fehlenden Bedürfnisses danach nicht gedacht hättest. Jene Zuhörerinnen, die durchdrehen, wenn Du ihnen das größere Bild zu lange vorenthältst (ich zum Beispiel), werden Dir sehr dankbar sein und sich nicht aus Frustration innerlich ausklinken. Bist Du eine Makro-Chunkerin, weißt Du jetzt, dass Du von Deinen großen Bilderbrocken auch mal heruntersteigen und Deinen Zuhörerinnen ein paar kleine, feine Details gönnen kannst, einen Schwank aus der Praxis, ein Beispiel zur Veranschaulichung, eine Erklärung, was das Gemeinte konkret bedeuten kann. Damit ist für alle etwas dabei und alle sind zufrieden.

Ach ja, ich wollte Dir zum Abschluss dieses Themas auch noch eins mitgeben: Wir verdauen Informationen nicht nur in unterschiedlichen Größen, sondern auch mit unterschiedlichen Herangehensweisen. Die einen verarbeiten das Erfahrene leichter im aktiven Prozess, wollen nachvollziehen können, wie etwas genau funktioniert, würden das Gesagte am liebsten gleich ausprobieren und dessen Bedeutung am eigenen Leib erfahren. Dieser Typus Zuhörerin ist Dir dankbar, wenn Du Prozesse Schritt für Schritt veranschaulichst, sodass sie diese mittels ihrer Spiegelneuronen miterleben können oder wenn Du vielleicht sogar etwas zum Anfassen oder Ausprobieren mit dabeihast. Andere wiederum brauchen das nicht. Sie lehnen sich lieber zurück, schauen und hören sich das Ganze beobachtend aus der Ferne an, um mit dem nötigen Abstand selbst darüber reflektieren zu können. Du hast wieder für beide etwas dabei, etwas **zum vorgebeugten Nachvollziehen** und etwas **zum zurückgelehnten Nachdenken.**

E&E
EMOTION & EXCEL
FÜR KOPF UND BAUCH ETWAS DABEI

Überraschung! All Deine Zuhörerinnen haben Herz **und** Hirn. Oft entscheidet zuerst der Bauch und braucht dann Argumente, um auch den Kopf davon zu überzeugen. Manchmal will der Kopf etwas, aber irgendwie haben wir kein gutes Gefühl dabei. Für beide Argumentationsrichtungen brauchst Du das passende Leckerli in der Tasche. **Emotion fürs Herz, Excel fürs Hirn.** Natürlich sind wir alle unterschiedlich gestrickt, so sind die einen mehr jazzige Eggheads und faktische Präzision, die anderen mehr Kuschelrock und Gefühle. Aber sind wir nicht alle auch einfach nur Menschen, die verstanden und mitgenommen werden wollen? Du gehst sicher, dass sich Herzen und Hirne gleichermaßen angesprochen fühlen. Wenn Du Dein Publikum gut kennst, weißt Du, was sie vorwiegend brauchen. Wenn nicht, dann stellst Du sicher, dass von Anfang an beide E&E-Leckerlis mit inbegriffen sind.

E WIE EXCEL

Fürs Hirn und für die faktenorientierten Zuhörerinnen baust Du sachliche Argumente ein, um logische Schlüsse Richtung Deines Bühnenziels zu unterstützen. Deine Aufmerksamkeit liegt auf der Lieferung sachlich korrekter und schlüssiger Informationen. Dabei helfen Dir glaubhafte Quellen und darauf aufbauende nachvollziehbare Schlussfolgerungen sowie natürlich eine sachliche Sprache und ein ruhiger Ton, um diese Punkt für Punkt zu vermitteln. Sachlichkeit vermittelt Sicherheit und schafft Vertrauen. Sie ist daher besonders gefragt, wenn viel auf dem Spiel steht – sei es die Sicherheit, Gesundheit und Zukunft, investiertes Geld, bei allen Angelegenheiten einer

Krisenkommunikation. Da braucht es Ernsthaftigkeit und Sachlichkeit für den nötigen **Fels in der Brandung-Vibe.** Du zeigst, dass Du weißt, wovon Du sprichst, und vermittelst den Zuhörerinnen, dass sie bei Dir in guten Händen sind. Das E wie Excel steht für Zahlen, Daten und Fakten. Diese können unterschiedliche Formen annehmen. Du baust alles ein, was Du findest, um diesem Gehirn ein gutes Gefühl zu geben. Humor ist übrigens ein starkes emotionales Argument, dazu später mehr. Nun erst einmal Facts, Facts, Facts:

→ **Statistiken und Studienergebnisse** sind super starke Sachargumente. Sie vermitteln Deinem Publikum, dass Du thematisch in die Tiefe getaucht bist, statt Dich nur oberflächlich damit zu beschäftigen. Die einen brauchen die tatsächlichen Zahlen und deren Ableitungen. Andere sind schon froh über das generelle Wissen, dass es Studien und Statistiken gibt, benötigen nicht mehr konkrete Details dazu. Auf die perfekte Mischung der M&E-Leckerlis kommt es also an!

→ **Referenzen** zeigen, wie andere es erfolgreich umsetzen. Sie beziehen sich auf etablierte Instanzen in Deiner fachlichen Gemeinschaft, also Menschen oder Institutionen, deren Know-how und Kompetenz in Deinem Publikum von niemand infrage gestellt wird. Wenn die das so sehen und machen, dann sollten wir das auch so sehen und machen, ist dabei Deine Argumentationslogik.

→ **Zitate von Expertinnen** schlagen in die gleiche argumentative Kerbe: Je anerkannter die Instanzen sind, desto überzeugender wirken deren Aussagen als Argumente. Überleg Dir, welche Expertinnen von Deinem Publikum besonders geschätzt werden und finde deren passende Aussagen zu Deinem Thema.

→ Demonstrationen zeigen, dass das Gesagte auch wirklich stimmt. Wenn Du etwas veranschaulichst, schwingt jedoch ein gewisses Risiko mit, ob es auch wirklich klappt, aber das Wagnis zeigt, dass Du Dir absolut sicher bist. Du schaffst Dir die idealen Rahmenbedingungen. Falls Du eine Zuhörerin aus dem Publikum um Unterstützung ersuchst, dann wähle eine aufgeschlossene, wohlwollende Persönlichkeit dafür aus statt einer skeptischen.

Viele M&M genauso wie E&E sind lange haltbar. Du sammelst sie in Deinem Reisekoffer und wirfst immer wieder dazu, was Dir an später Brauchbarem unterkommt.

E WIE EMOTION

Das zweite E steht für Emotion und die emotionale Wirkung. Es adressiert das Bauchgefühl, das Herz der Dir zuhörenden Menschen. Es will berühren, inspirieren und animieren. Emotion ist ein Katalysator, um mit Deinem Publikum Dein Bühnenziel zu erreichen. Reine Sachlichkeit kann langweilen und auch demotivieren. Um die richtige emotionale Dosis zu treffen, braucht es Dein Fingerspitzengefühl für die Atmosphäre im Raum und die Stimmung der Zuhörerinnen. Darauf aufbauend entscheidest Du, wie weit Du das emotionale Volumen raufdrehst, etwa wie stark Du Dich selbst in die Geschichte hineinlässt, wie sehr Du ausschmückst, wie sehr Du Dich selbst emotional ergreifen lässt und diese Emotionalität somit in den Raum bringst. Hier gestaltest Du Stimmung und nutzt die Macht der Gefühle als Motivator und Katalysator. Übrigens: Wenn Deine Zuhörerinnen ihre eigenen Werte in Deinen Botschaften wiederfinden, verschafft ihnen das ein gutes Gefühl. Dieses wiederum projizieren sie auf Dich und werden Dich mit einer positiven Stimmung abspeichern und in Erinnerung behalten.

Was verschafft uns als Herdentiere außerdem ein gutes Gefühl? Wenn Du als Sprecherin das Gemeinschaftswesen in uns ansprichst und eine Atmosphäre von Zugehörigkeit und Verbundenheit erschaffst. Im Idealfall nutzt Du dabei eine bildhafte Sprache, bringst Beispiele und Geschichten. Emotionale Argumente bauen meist auf persönlichen Erfahrungen, auf dem Erlebten der Rednerin, der Zuhörerinnen oder gar gemeinsamen Erlebnissen auf. So verbinden und berühren etwa aktuelle Nachrichten und Beispiele aus einer gemeinsamen Lebensrealität. Wir alle bekommen morgens in etwa die gleichen Nachrichten serviert. Bei einigen von ihnen kannst Du sichergehen, dass sie uns alle betroffen machen und auf die eine oder andere Art beschäftigen. So kannst Du etwa fragen: „Haben Sie auch in den Nachrichten gelesen, dass es nicht mehr genug Pflegepersonal in unseren Krankenhäusern gibt?" Nun liegt es an Dir, die passende Querverbindung zu Deinem Thema zu finden. Diese Schlagzeile lässt sich mit vielem verbinden, nicht nur mit der Zuspitzung des Fachkräftemangels. Die rhetorische Kunst besteht darin, eine individuelle und aktuelle Betroffenheit zu einer kollektiven Stimmung im Raum zu bündeln und in den passenden Kontext zu bringen. Wenn Du also in den Medien etwas findest, das Deine Aussagen untermauert, dann ist das ein einfaches und überaus wirksames emotionales Argument – gehört also sofort in Deinen Koffer. Du benutzt Allgemeinposten und verwebst sie in Deine Argumentationslinie.

Ähnlich verhält es sich mit Vergleichen, wenn Du Deine Anliegen und Deine Logik mit allgemein Anerkanntem in Bezug bringst – das erzeugt ein gutes Bauchgefühl, wie es mit Gewohntem und Altbekanntem halt so ist. Vertrautes führt zu Kopfnicken. Du nutzt es für Dich und verwebst es in Deine noch weniger vertraute Angelegenheit. So etwa auch bei beliebten (aber bitte nicht zu abgedroschenen) Redewendungen: Du überträgst die anerkannte Redewendung auf Dein aktuelles Anliegen. Ist diese Querverbindung schlüssig, wirkt der Vergleich als Bauchargument zu Deinen Gunsten. Was sind Deine Lieblingsredewendungen? Wieso auch nicht mal den Refrain von einem bekannten Lied einbauen, der für Dich und Deine Botschaft Stimmung macht? Hier hast Du wieder etwas zum Sammeln.

Mit Beispielen und Geschichten verhält es sich fast umgekehrt. Du greifst nicht auf **allgemein Bekanntes**, sondern auf **individuell Erlebtes** zurück. Das macht neugierig, weil Du uns damit auch etwas von Dir verrätst. Du ermöglichst mit Beispielen und Geschichten Einblicke, die die Zuhörerinnen sonst nicht hätten. Wenn Du auf diese Art etwas verrätst, steigert das unsere Neugier und wir hängen an Deinen Lippen. Es ist üblich, dass wir während Vorträgen mit der Aufmerksamkeit abwandern und gedanklich abdriften. Spannend ist wiederum, aufgrund welchen Reizes wir wieder unsere Ohren spitzen. Es ist der Moment, in dem wir auf einen Erzählstrang, auf eine Erzählung mit Anfang und Ende stoßen. Unser Gehirn hält Lücken im Verlauf von Handlungssträngen nicht aus und wir wollen wissen, wie etwas weitergeht, wie es ausgeht. Dieses Phänomen in unserem Gehirn erklärt nicht nur den Erfolg von TV-Serien, sondern auch, warum das Erzählen von Geschichten so wichtig ist, wenn es um die Aufmerksamkeit und den Spannungsbogen geht (zum G-Punkt guter Geschichten kommen wir gleich).

Eine andere ganzheitlich stimulierende Kraft des Erzählens hat der **Humor**. Wir mögen Menschen, die uns zum Lachen bringen, denn das gibt unserem Körper und Geist ein gutes Gefühl. Dieses gute Gefühl verbinden wir wiederum mit dem Menschen, dem wir es zu verdanken haben. Amüsante Anekdoten, die uns schmunzeln oder lachen lassen, helfen also ebenso wie Zahlen und Fakten im Koffer. Eva Ullmann, Gründerin des Deutschen Instituts für Humor – ja, kein Witz, das gibt es wirklich –, erklärt im Interview mit Michael Ehlers[38] den Humor aus rhetorischer Sicht: Humor ist die Fähigkeit und Bereitschaft, etwas Komisches zu machen, zu sagen, oder auf bestimmte Situationen **heiter und gelassen zu reagieren.** Besonders Letzteres ist ein Ausdruck von Kompetenz und Professionalität, vor allem in Momenten, wenn etwas nicht ganz nach Plan verläuft. Du vermittelst ein gutes Gefühl, indem Du positiv und wertschätzend bleibst und durch Deine humorvollen Kommentare nahbar bist. **Nähe durch gelassene Reaktion statt Distanz durch verzweifelte Kontrollversuche.**

Mit einer überhöhten und überspitzten Formulierung, mit der Du das Gegenteil Deiner Gedanken sagst, kannst Du etwa schmunzelnd necken und Widerstand abbauen: „Ich werde versuchen, mich von Ihrer Begeisterung, Freitagnachmittag mit mir in der Schule zu verbringen, nicht überwältigen zu lassen." Humor kann bei Widerständen und Widersprüchen deeskalieren. Zudem funktioniert es auch gut, wenn Du Dein Publikum mit liebevoller Übertreibung spiegelst oder ihm mal übertriebene, humorvolle Komplimente machst. Nicht nur Du, sondern auch Dein Publikum freut sich über Blumen, und indem Du ihm charmant die eigenen Widerstände spiegelst, fühlt es sich wertschätzend ertappt und wird Dir eher stimmungsmäßig entgegenkommen, also Dir auch eher inhaltlich folgen wollen.

---

38 Michael Ehlers (2021). Rhetorik, Die Kunst der Rede im digitalen Zeitalter. Kulmbach: Books4Success, S. 278.

EIN NEUER G-PUNKT: G'SCHICHTN VS. G'SCHEITHEITEN

Geschichten sind die älteste Form der Wissensvermittlung, sie sind die älteste, Jahrtausende überdauerernde Lehrmethode. Nur irgendwann kamen patriarchal geprägte Selbsterhöhungen ins Bühnenspiel: G'scheitheiten, die einen Einzelnen erhöhen, verdrängten die G'schichten, die uns auf Augenhöhe verbinden. Unabhängig dessen geht aber niemandem einer ab, wenn jemand anderer g'scheidlt – darunter verstehe ich ein besserwisserisches und belehrendes Sprechen, in dem ein subtiles Gefälle spürbar gemacht wird, um sich selbst als gescheit und in der Situation erhaben wahrzunehmen. Das kommt meist nicht in Form arroganter, nasaler Stecktuch-Attitüde daher – sondern schleicht sich viel öfter aufgrund persönlicher Unsicherheiten und Zweifel durch die Hintertür ins Rampenlicht: Aus Sorge, nicht genug Wichtiges und Wesentliches von sich zu geben (Impostor-Syndrom-Klassiker!), aus Sorge, dass die Zuhörerinnen sich langweilen und den Eindruck bekommen könnten, man kenne sich weniger gut aus als gedacht, wird poliert und poliert – bis der Kern vor lauter Politur nicht mehr greifbar ist. Aus Sorge, es könnte nicht gut genug und gescheit genug klingen, werden polierte G'scheitheiten statt authentische G'schichten präsentiert. So passiert es leider oft, dass eher an Zuhörerinnen vorbeigeredet und Distanz geschaffen wird, als dem Publikum näherzukommen.

Ich wage die Vermutung, dass diese Haltung und Bühnendynamik auf einem kollektiven Missverständnis basiert. Viel zu oft glauben wir, dass abstrahierte G'scheitheiten viel wichtiger, gescheiter und kompetenter klängen, dass es auf Bühnen vorwiegend darum ginge. Ich habe viele Jahre unter Juristinnen verbracht, kann also ein Lied davon singen, was es heißt, wenn sich Expertinnen gegenseitig mit G'scheitheiten ausbooten, bis niemand mehr weiß, worum es eigentlich geht.

Die Rampenfrau ist eine authentische Geschichtenerzählerin statt einer G'scheitheiten-Predigerin. Eine gute Rednerin zeichnet sich dadurch aus, dass sie die passenden Geschichten erzählen kann und das für die jeweilige Situation nötige Wissen und Verständnis, die passende Stimmung und Stoßrichtung am Bühnen-Tableau serviert. Geschichten beleuchteten Themen von mehreren Seiten, kodierten Antworten auf komplexe Fragen und zeigten, wie Einzelheiten in einer Ganzheit eingebettet seien, so Gundl Kutschera.[39] „Kindern erzählt man Geschichten, damit sie einschlafen. Erwachsenen, damit sie aufwachen," so die treffende Aussage des Schriftstellers Jorge Bucay.[40] Heute, in Zeiten des überwältigenden Informationsüberflusses, haben Geschichten das Potenzial, Menschen trotz dieser Flut zu erreichen, ihre Aufmerksamkeit zu erhaschen, indem sie berühren und Verbindung zum Thema, aber auch zwischen Menschen schaffen. Daran hat sich nichts geändert, sei es damals im Kreis rund ums Lagerfeuer oder heute im Kreis runder Bühnen des 21. Jahrhunderts.

Geschichten verbinden uns mit Menschen genauso wie mit deren Themen. Sie machen die Erzählerin greifbar und gleichzeitig kann ich mich als Zuhörerin in deren Geschichte selbst wiederfinden bzw. mich in ihr von meiner eigenen Wahrnehmung führen lassen. Geschichten engen nicht ein und bevormunden nicht, sondern lassen Spielraum für die eigene Interpretation. Über Geschichten lerne ich als Zuhörerin die

---

39 Gundl Kutschera (2002). Tanz zwischen Bewußt-Sein & Unbewußt-Sein. Paderborn: Junfermann, S. 133.

40 Jorge Bucay. Zit. nach: Berühmte Zitate. https://beruhmte-zitate.de/zitate/680498-jorge-bucay-kindern-erzahlt-man-geschichten-zum-einschlafen/, zuletzt aufgerufen am 7.6.2023.

Person hinter der Expertise kennen, ihre Motivation, ihre Erlebnisse, Erfahrungen und Erkenntnisse.

„Show, don't tell", lautet die Storytelling-Devise. Mittels Deiner Geschichte sehen wir, was Du gesehen hast, denken wir, was Du gedacht hast, fühlen, was Du gefühlt hast. Wir werden eingeladen, mit Dir mitzukommen, daher ist die Wahrscheinlichkeit groß, dass wir Dir folgen werden, wodurch sich unsere Ansicht – womöglich zudem auch unsere Interpretation und Meinung – verschieben kann. Du machst mir Appetit auf Wissen und Mehr-Wissen-Wollen. Storytelling-Experte Jyoti Guptara kennt die unzähligen Vorteile dessen, Menschen mittels Geschichten **Erkenntnisse erleben zu lassen, statt sie mittels Erklärungen zu überinformieren.** Ein paar davon finde ich besonders spannend: Geschichten haben eine einfachere Sprache und an sie wird sich leichter erinnert. Abstrahierte Informationen kommen ernst und losgelöst vom Leben daher, die Schwelle ist hoch. Mit Geschichten nimmst Du Deine Zuhörerinnen im Prozess mit und ermöglichst ihnen ein eigenes Verstehen, Erfassen und Erkennen. Er nennt es die **„Reise des Verstehens".**[41]

Bei mir selbst und bei meinen Zuhörerinnen merke ich einen großen Unterschied im Energielevel. Erklärungen werden nach einiger Zeit ermüdend, kosten beide Seiten Energie. Sobald ich aber eine Geschichte einbaue, erwacht der Raum wieder zu frischem Leben. Das setzt Energie in mir frei und gibt mir Kraft. Ich nehme wahr, wie sich auch die Körperhaltung der Zuhörerinnen verändert, sie wieder aktiver werden. Geschichten aktivieren ihre Vorstellungskraft – sie werden sodann zu aktiven Zuhörerinnen und fühlen sich mit den Inhalten verbundener.

Bei mir selbst beobachte ich, dass ich mich umso weniger hinter G'scheitheiten verstecke, je mehr Erfahrung ich be-

41 Jyoti Guptara (2020). Business Storytelling, From Hype to Hack. Sutton: Pippa Rann, S. 21.

reits in einer Thematik gesammelt habe, je mehr Geschichten ich daher bereits zu erzählen habe. Was hältst Du davon, auf G'scheitheiten zu verzichten, statt polierter, glatter Faktenfassade eine greifbare authentische Geschichtenerzählerin zu sein? Geschichten zu teilen, statt Weisheiten zu predigen, hat etwas herrlich Entspannendes. Zudem entdeckt die Anwältin in mir immer wieder, dass das Geniale dabei die Tatsache ist, dass man in seinen eigenen Geschichten immer recht hat. Niemand kann Dir bei Deiner Wahrnehmung einer Situation widersprechen, Dir Dein Erlebtes und Deine Erkenntnisse absprechen. Eine echte Geschichte ist ein echtes Argument. Die Geschichten, die Du zu erzählen hast, weil Du eben herkommst, wo Du herkommst, weil Du aufgrund Deiner Tätigkeiten erlebt hast, was Du erlebt hast, schaffen die zentrale Verbindung zwischen Dir und Deiner Expertise, zwischen Dir und Deinem Fachgebiet, machen Dich erst so richtig in Deiner Rolle als Expertin sichtbar, hörbar, greifbar. Du bringst Dich mit Deinen Geschichten mit Deinem jeweiligen Thema in Verbindung – und genau das macht Dich zur Expertin – nicht nur die gelesenen Bücher, die gemachten Fortbildungen, das theoretisch angeeignete Wissen, sondern das, was Du auf Deiner Lebensreise gesehen, gehört, gespürt, gerochen, geschmeckt und mit all Deinen Sinne wahrgenommen hast. Nur Du kannst genau diese Geschichten teilen. Nur Du bist in Diesen Geschichten die Expertin. Nur Du hast genau diese **Geschichten, die genau Deine Expertise greifbar machen.** Die nächste gute Nachricht: Geschichten zu erzählen, müssen wir nicht erlernen, denn wir machen es täglich unzählige Male, meist ganz unbewusst.

SAMMELN STATT JAGEN!

Widmen wir uns nun der oft gestellten Frage: „Wie komme ich denn zu meinen Geschichten?“ Immer wieder höre ich: „Bei mir ist eigentlich alles ganz normal und nicht erzählenswert.“ Jede von uns hat aber Unmengen an Geschichten in petto, denn wir erleben und erzählen sie täglich. „Sammeln statt jagen“, so lautet hier das Motto der Rampenfrau. Wir sammeln oft die Geschichten der anderen: bei Klatsch und Tratsch, auf Netflix, in Büchern oder Podcasts. Daran ist nichts auszusetzen, denn auch das können wertvolle Möglichkeiten sein, um Deine Aussagen in einer Geschichte zu rahmen. Ich beobachte nur immer wieder, dass uns das Sprechen über andere leichter fällt als über uns selbst. Daher möchte ich Dich hiermit dazu animieren, auch Deine eigenen Geschichten zu sehen, wertzuschätzen und ganz bewusst zu sammeln. Die unzähligen erlebten Geschichten sind Geschenke, die Dir das tägliche Leben macht, um Deine Erfahrungen teilen zu können. Wir müssen sie nur erkennen und in den eigenen Kontext setzen, müssen ihre Kraft für uns und unsere Standpunkte nutzen. Oft braucht es dafür nur die passenden Fragen als Schlüssel für die Türen, die sich dann zu all diesen narrativen Schätzen öffnen. Darf ich Dir ein paar Fragen stellen?

→ Welche Einblicke und Erfahrungen haben Dich zu der hier jetzt präsentierten Überzeugung und Aussage gebracht? Nimm mich mit auf Deine Reise, ab dem Ort, wo Du herkommst, und erzähl mir, was Du seither erlebt hast. Erzähl mir von Situationen, Begegnungen, Gesprächen, Erlebnissen, meinungsbildenden Momenten, die Dich dazu bringen, das zu sagen, wovon Du mich jetzt überzeugen willst.

→ Gab es Momente des Zweifels? Gibt es Aspekte, Ambivalenzen oder Widersprüche, die Dich in der Vergangenheit skeptisch gemacht haben? Darüber und warum Du dann doch wieder zu Deiner ursprünglichen oder eventuell davon abweichenden Überzeugung gekommen bist, möchte ich gerne mehr erfahren.

→ Wo möchtest Du hin? Was sind Deine Ziele, Visionen? Was Deine Befürchtungen, was passieren könnte, wenn wir nicht entsprechend Deiner Überzeugung handeln? Was Deine Utopien, wenn all Deine Träume und Überzeugungen eintreten? Nimm mich mit auf Deine Reise, wo Du hinwillst, und erzähl mir die Geschichten, die Du sonst erst nach Deinem offiziellen Auftritt bei der Kaffeemaschine oder zwischen Tür und Angel erzählen würdest. Sie bringen oft so viel mehr zum Ausdruck als das auf der Bühne Gesagte.

→ Warum tust Du, was Du tust? Teile mit uns deine echten Geschichten, die uns Dein wahres Ich und Deine Ziele verraten. Teile mit uns Geschichten über das, was nur Du siehst, nur Du hörst, nur Du riechst, nur Du spürst, weil Du eben Deinen einzigartigen Blickwinkel hast, weil Du eben von dort kommst, wo Du herkommst, weil Du genau dort hinwillst, wo Du hinwillst. Erzähl uns die Geschichten, die wir nicht in der gleichen Form, auf die gleiche Art, aus der gleichen Perspektive erlebt und erfahren haben.

DER FÜNF-FINGER-TRICK MIT DEN DREI DIAMANTEN

Dein Reisekoffer ist randvoll mit Geschichten und sonstigen Leckerlis. Steht ein konkreter Bühnenmoment bevor, schaust Du hinein und wählst aus, was Du für das jeweilige Bühnenziel benutzen kannst. Das ist jetzt der Schritt vom kreativen, großen Ganzen, in dem Du sammelst, hin zur Ordnung und Reduktion auf das Wesentliche und die sich darauf beziehenden klaren Ansagen. Struktur bringt Ruhe und Klarheit in den kreativen Brainstorm.

„Diamonds are a girl's best friend", sang Marylin im vergangenen Jahrhundert. Ich möchte Diamanten in einen neuen Kontext setzen: als etwas, das ich in mir entdecke und nach außen zum Ausdruck bringe: Diamanten kreieren statt konsumieren, statt sich von außen anstecken. Unserer eigenen Kreativität statt dem Konsum freien Lauf lassen – ist das nicht generell das, was dieses Zeitalter dringend braucht? Klare, gerne auch mal kantige Ansagen tätigen statt Everybody's Darling sein. Klare Ansagen statt schwammigem Geschwafel. Das tut Dir und Deinen Zuhörerinnen gut. Von der großen, weiten Vision zum brillanten Selbstausdruck, um wirklich das zu sagen, was Du sagen willst. Je klarer wir unsere Inhalte für die jeweilige Situation aufbereiten und das für den jeweiligen Moment Wesentliche herausschälen, desto eher werden sich die Zuhörerinnen das Nötige merken.

Du entwickelst den roten Faden Deiner Inhalte, fädelst Deine Kernbotschaften darauf auf und hast Deine Struktur buchstäblich in Deiner Hand. Bei Auswahl und Struktur Deiner Inhalte bist Du empathisch und achtsam mit Deinem Publikum und bleibst klar mit Deinem Ziel verbunden. Das hilft Dir bei der Entscheidung, was Du weglässt und was Du drinnen lässt. Das hilft Deinem Publikum beim Verständnis und der Erinnerung. „Weniger ist mehr", lautet die Devise. Es geht nicht darum, alles an Wissen hineinzustopfen, um zu zeigen, was Du alles weißt, sondern darum, aus Deinem einzigartigen Blickwinkel heraus zielgerichtet auf Dein Bühnenziel Deine Inhalte zu wählen. „Das Geheimnis eines starken Vortrags ist oft das, was weggelassen wurde", empfiehlt Chris Anderson, Kopf aller TED-Talks.[42] Das hieße dann eben auch „Kill. Your. Darlings.", streiche Deine Lieblingsstellen, wenn sie für das jeweilige Ziel und die jeweilige Situation unnötig sind.

Der Fünf-Finger-Trick ist in meinen Seminaren das dramaturgische Highlight, weil er Dir diesen roten Faden buchstäblich in die Hand gibt. Er hilft Dir, Dich nicht zu verzetteln, um mit jedem Wort Deinem Bühnenziel näherzukommen. Du gibst Dir damit selbst Struktur und Halt, denn Du ordnest Deine Inhalte in eine logische Abfolge, wo eins zum anderen führt. Das hilft auch Deinen Zuhörerinnen, Dir von Anfang bis Ende gut folgen zu können. Die Rampenfrau führt mit weicher, entspannter Hand durch ihr Narrativ; sie führt ihre eigenen Gedanken und die ihrer Zuhörerinnen. Mit dem roten Faden sorgst Du dafür, dass sie nicht verloren gehen in den vielen gedanklichen Gassen, in die Du sie schickst.

Lass uns Ideen sammeln, wie Du Deinen Auftritt stimmungsvoll beginnen und kraftvoll beenden kannst – wie Du Deine Zuhörerinnen abholen und verabschieden kannst. Das gibt Stim-

---

42 Chris Anderson (2017). TED Talks – Die Kunst der öffentlichen Rede. Frankfurt am Main: S. Fischer, S. 53.

mung und inhaltliche Stoßrichtung vor – für Deine Aussagen und für Dein Ziel.

Deine fünf Finger helfen Dir dabei: Verschränke Deine Hände vor Deinem oberen Bauch, Handflächen zu Dir – eine ideale Haltung für Deine Hände, sie sind frei für eine natürliche, nicht überlegte, verkopfte Körpersprache. Lass Deine Hände einfach ihr Ding machen, zwischendurch kannst Du Dich an Deiner Hand festhalten – das gibt Dir Halt. Stell Dir vor, wie der rote Faden in Deiner Hand liegt, beginnend bei Deinem kleinen Finger. Der kleine Finger ist zum Anbandeln da. Er symbolisiert Deinen Anfang und erinnert Dich daran, wie Du mit Deinen Zuhörerinnen eine Verbindung aufbaust. Dann kommen Deine drei mittleren Finger: Sie symbolisieren Deine drei zentralen Botschaften, die Dich entlang des roten Fadens, in Richtung Deines Bühnenziels, führen. Der Daumen ist zum Zumachen da. Zu viele tolle Vorträge verpuffen, weil sie keinen klaren Abgang haben, dein Daumen erinnert Dich also daran, wie Du das Gesagte nochmal abschließend auf einen Punkt bringst.

ÜBERS ANBANDELN UND GUTE ABGÄNGE

„Der erste Eindruck ist entscheidend und der letzte Eindruck bleibt", so heißt es in der Rhetorik. Du holst Deine Zuhörerinnen dort ab, wo sie gerade stehen, um sie dorthin zu führen, wo Du gerne mit ihnen hinmöchtest. Die ersten Sekunden sind besonders kostbar. Sie entscheiden, ob Deine Zuhörerinnen auf Dich und das, was Du sagen wirst, neugierig sind/werden – oder eben nicht. Zu oft wird dieses kostbare Zeitfenster mit inflationärem Geplänkel, mit für Dich und Deinem Ziel irrelevanten, höflichen Nichtaussagen verspielt:

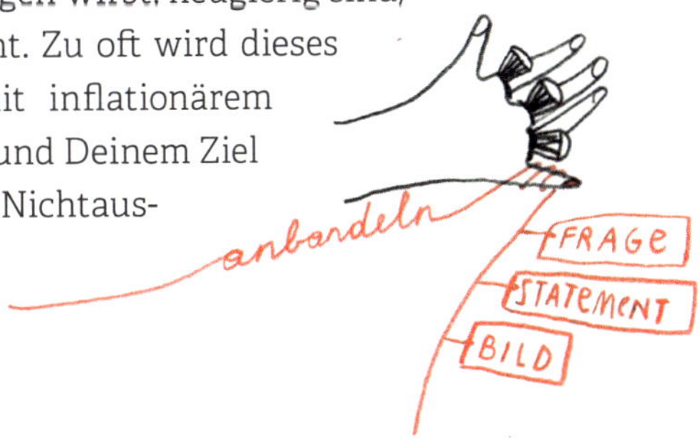

Hallo alle zusammen. Ich freue mich, dass ich hier sein darf. Ich heiße Claudia Novak und möchte Ihnen kurz etwas darüber erzählen, wie wichtig es ist, dass wir Frauen mehr Raum einnehmen.

So schnell habe ich die Chance auf einen Paukenschlag für mein Thema, das mir doch so sehr am Herzen liegt, und für das Publikum, das ich doch so gerne erreichen möchte, verpasst. Wie wäre es stattdessen damit?

Wer kennt den Spruch The future is female, den man jetzt auf vielen T-Shirts und Social-Media-Posts sieht? Das klingt doch schön, finden Sie nicht? Aber stimmt das auch wirklich? Lassen Sie uns gemeinsam dieses Statement infrage stellen. Ich bin Claudia Novak und meine tägliche Arbeit ist es, Frauen auf Bühnen zu begleiten.

Was war anders? Ich habe Dich als Zuhörerin miteinbezogen. Ich habe die ersten Sekunden genutzt, um eine Neugier weckende Frage zu stellen und eine klare Ansage zu machen, mit der ich mich positioniere und Haltung beziehe.

In den ersten Sekunden geht es darum, dass Du Deine Zuhörerinnen in Deine Welt ziehst, Du lädst sie ein, ein Stück auf Deiner Reise mit Dir mitzukommen: Du machst sie neugierig, Du machst sie betroffen, Du berührst sie, Du weckst sie auf, Du provozierst sie, Du schmeichelst ihnen, wie auch immer es zu Deiner Art, Deinem Wesen, Deinen Vibes passt. Du baust auf Deine Art eine Verbindung zu ihnen auf. Der Anfang dreht sich rund um die Fragen: Was hat das, was Du Deinen Zuhörerinnen sagen wirst, mit ihnen zu tun? Warum sollen sie Dir zuhören? Was interessiert sie daran? Was haben sie davon? Was betrifft sie daran? Zeig ihnen das, wovon sie vielleicht noch gar nichts wissen, wo ihnen noch nicht bewusst ist, dass es relevant ist und auch sie betrifft. **Neugier ist ein Magnet**. In diesen ersten Sekunden nutzt Du die Kraft dieses Magnets für die Aufmerksamkeit gegenüber Dir und Deinem Thema.

Ich möchte Dir an dieser Stelle vier TED-Klassiker für einen erfolgreichen Einstieg in einen solchen Vortrag mit auf den Weg zu Deinen Bühnen geben. Bei allen vier Varianten kannst Du je nach Publikum und je nach Bühnenziel unterschiedliche Leckerlis einbauen. Mikro und/oder Makro, Emotion und/oder Excel.

→ **Frage.** Stell Deinem Publikum eine oder mehrere Fragen, die sie tatsächlich beschäftigen oder mit denen sie sich noch nie beschäftigt haben, sie aber neugierig macht. Die Beantwortung dieser Fragen kann sich als roter Faden durch Deinen Vortrag ziehen.

→ **Statement.** Mach eine klare Ansage und positioniere Dich mit einem Eingangsstatement, sodass sie mit den Ohren wackeln, sie sich neugierig in Deine Richtung aufrichten.

→ **Geschichte.** Erzähle eine Geschichte und lade sie so in Deine Welt ein.

→ **Bild.** Zeichne ein Bild mit Deinen Worten, um Emotionen zu wecken. Beschreibe eine Vision, die Dich zu Deinem Tun motiviert, oder beschreibe eine persönliche Beobachtung, die Du gemacht hast und die Dich zum Nachdenken gebracht hat.

Übrigens: Du kannst auch eine Anmoderation, die Dich auf die Bühne holt, vorher mitgestalten, indem Du der anmoderierenden Person etwas ausarbeitest. So gehst Du sicher, dass alles Nötige gesagt ist über Dich und Du gleich in medias res springen kannst. Hier bitte keine falsche Bescheidenheit, gönn Dir einen rauschenden Einstieg auf Deine Bühne!

DER WAAAAAS-JETZT-ABGANG

Der Showdown für Dein Bühnenziel. Das Grande Finale bringt nochmal auf den Punkt, was ich als Deine Zuhörerin fühlen, denken und wie ich handeln soll. Anfang und Ende ergeben eine gemeinsame Klammer. So kannst Du am Schluss etwa Dein provokantes Eingangsstatement widerlegen oder untermauern; so kannst Du am Ende die eingangs gestellte Frage beantworten oder eine neue Frage daraus formulieren; so kannst Du die angefangene Geschichte fertig erzählen und die Spannung in den Köpfen Deines Publikums lösen, einen klangvollen Satz zu einem finalen Paukenschlag nutzen. Mit gelungenem Anfang und Ende gibst Du Dir selbst einen Rahmen, das Passepartout Deines Auftritts.

Dein Abgang dreht sich um die Fragen: Was jetzt? Wie geht es weiter, jetzt, wo wir das Gesagte gehört haben? Er rundet ab und schließt den narrativen Kreis. Hier hast Du ein paaaaar Möglichkeiten:

→ **Aktion/Appell:** Du appellierst an das Publikum auf eine konkrete Aktion oder eine abstrakte Vision, Du schlägst nächste Schritte vor und führst uns somit gedanklich in eine gemeinsame Zukunft.

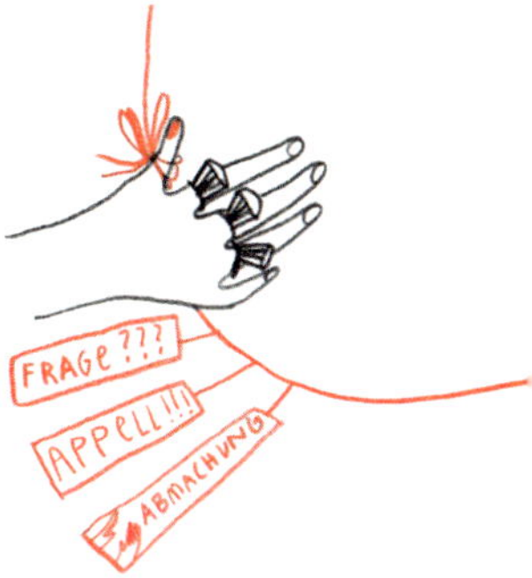

→ **Appetit:** Du machst erneut richtig Appetit auf die Vorteile des Erzählten. Lass das Wasser in unseren Mündern zusammenlaufen. Welche Vorteile habe ich als Zuhörerin und motivieren mich daher, mit Dir zu Deinem Ziel aufzubrechen?

→ **Anfrage & Abmachung:** Du bringst Verbindlichkeit ins inhaltliche Geplänkel und uns zu einer Vereinbarung – und sei es nur, dass wir in zehn Tagen zu diesem Thema wieder zusammenkommen und weiterreden. Du stellst sicher, dass das Gesagte nicht verpufft. Es kann auch sein, dass Du nicht uns ein Versprechen abnötigst, sondern uns eins gibst. Ich verspreche, dass ich immer wieder meine eigene Bühnenangst überwinden werde.

DDD
DIE DREI DIAMANTEN

Kommen wir nun also zum Kern Deiner Aussagen. Vorab gleich eine Frage: Fällt es Dir leichter, drei knautschige Medizinbälle, die ich Dir achtsam hin rolle, zu fangen oder 100 schnell geworfene Tischtennisbälle? Willkommen in der Logik des didaktischen Dreisatzes. Er begegnet uns täglich, sei es als These, Antithese, Synthese, in Form von Argumenten Pro, Contra, Conclusio oder Problem, Lösung, Nutzen. Genauso auf der linearen Zeitachse: Vergangenheit, Gegenwart, Zukunft. So haben wir es früher gemacht. So machen wir es jetzt. Wie werden wir es morgen machen.

Deine drei mittleren Finger erinnern Dich daran, Deine Aussagen in drei zentrale Botschaften zu strukturieren. Meine Definition von Kernbotschaft: **Wenn die Zuhörerinnen alles vergessen, aber daran sollen sie sich erinnern.** Was ist das bei Dir?

Die Antwort darauf unterteilst Du wiederum in drei kristallklare Botschaften: die Diamanten an Deinen drei mittleren Fingern. Sie überscheinen alles und sind auch für die Zuhörerinnen in der letzten Reihe klar zu erkennen. Somit hast Du alles, was Du brauchst: einen guten Anfang, drei klare Ansagen und einen kraftvollen Abgang.

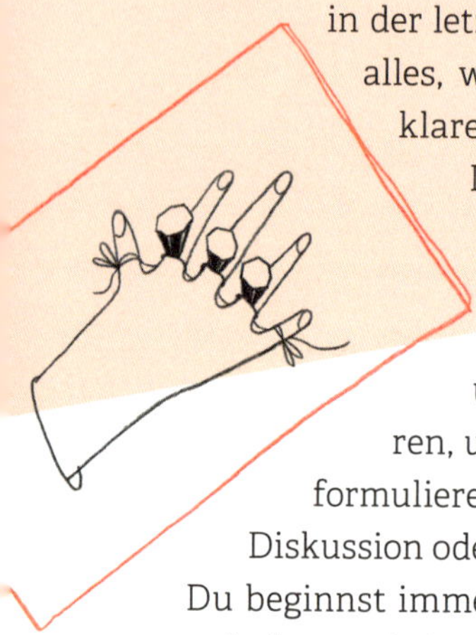

Der Fünf-Finger-Trick ist deshalb so genial, weil er so vielseitig einsetzbar ist, nicht nur für eine geplante Präsentation oder Rede, sondern auch für spontane Statements, um einen Vorschlag schlüssig zu strukturieren, um die Antwort auf eine Frage fokussiert zu formulieren, um Widersprüche darzustellen und eine Diskussion oder ein Konfliktgespräch zusammenzufassen. Du beginnst immer damit, zwischenmenschliche Verbindung aufzubauen, bringst auf drei Punkte heruntergebrochen zum Ausdruck, was Du sagen willst, und endest damit, wie es weitergehen soll. Du kannst auch einen mehrtägigen Workshop darauf aufbauen, egal wie lange und wie groß Deine inhaltlichen Pakete sind. Wichtig ist, dass Du sie für Dich und für die Menschen, die Dir zuhören, ordnest und somit Übersicht und Klarheit hineinbekommst.

Sobald die Struktur sitzt, Du den roten Faden in der Hand hast, kannst Du Dich an die PowerPoint-Folien oder sonstige mediale Hilfsmittel machen, ganz im Sinne von „Form follows function". Ein Hinweis aber noch an dieser Stelle: Du hast eine andere Sprech- als Schriftsprache. Bereite Dich daher bitte sprechend und tatsächlich Raum einnehmend vor statt vorgebeugt vor dem Bildschirm. Spiele die Bühnensituation durch, nutze ganz bewusst Deinen Körper, Deine Körpersprache und

Stimme, lasse die Worte aus Deinem Mund und Deinem Körper kommen. Wenn Du Deine Texte schreibend immer weiter polierst, wird Dir das beim Reden nur bedingt helfen. Im Gegenteil: So wird es immer mehr zu einer auswendig gelernten und abgelesenen Sache.

Der Fünf-Finger-Trick hilft Dir dabei, Dich nicht zu verzetteln oder inhaltlich zu verirren. Aus jedem Finger wächst eine überschaubare Sprechblase, die Du Dir als Gesamtkonzept gut merken kannst. Innerhalb jeder Sprechblase sprichst Du frei. Wenn Dir das nicht genug Kontrolle ist und Dich nervös macht, können Dir natürlich auch ein paar knackige Folien helfen, die Dich daran erinnern, was Du keinesfalls vergessen wolltest, oder Du nimmst Dir DIN A5 große Moderationskarten zur Hand, die das Wesentliche in Stichworten erfassen. Sobald Du alles mündlich laut durchsprichst statt leise lesend, wirst Du merken, dass sich manches unnatürlich anfühlt, weil Du eben anders sprichst als schreibst. Danach adaptierst Du Deine Stichworte so lange, bis sie sich natürlich anfühlen, bis Du einen Flow erschaffen hast, bei dem eins zum anderen führt. So entsprichst Du nicht Deinem Skript, sondern lässt einfach das raus, was in Dir ist und hinaus mag.

Ja, und irgendwann kommt der Punkt, an dem Du die Vorbereitung abschließt, Dich mit dem Ergebnis zufrieden gibst und den letzten Rest der Magie des Moments überlässt. Du hast es in der Hand und bist bereit für alles, was da kommen mag. Showtime, Baby!

WAS SAGE ICH?

ICH HABS IN DER HAND!

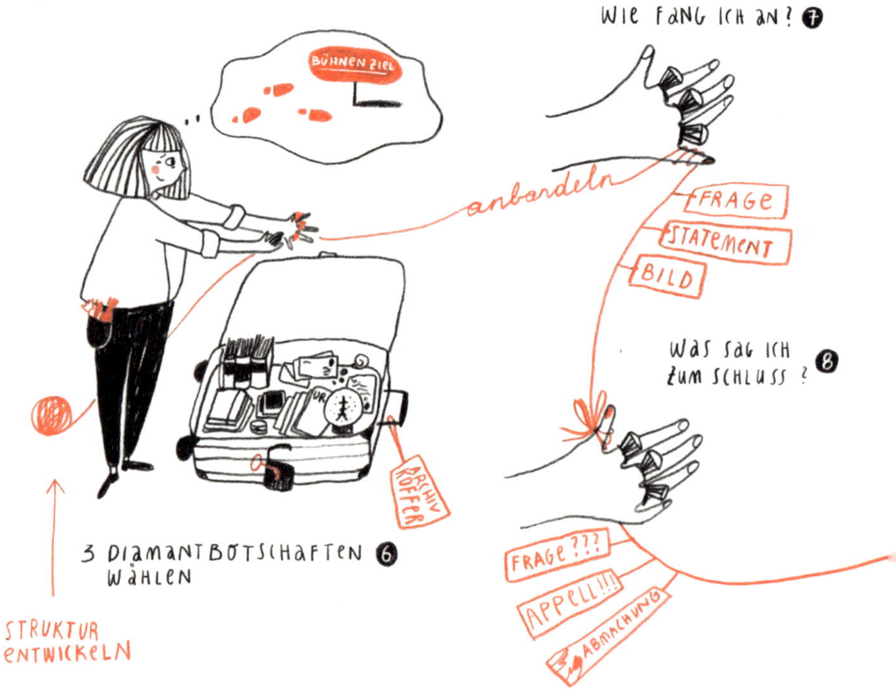

WAS IST MEIN ZIEL?
BÜHNENZIEL
WAS WILL ICH IN HERZ, HIRN UND HÄNDEN MEINER ZUHÖRER*INNEN ERREICHEN?
3
IN DEREN SCHUHEN GEHEN 4
DEN PASSENDEN BIG CHUNK ODER SMALL CHUNK FINDEN
EMOTION (GESCHICHTEN, VERGLEICHE, BEISPIELE)
EXCEL (FAKTEN, DATEN, ZAHLEN)
WAS KANN ICH FÜR MEINE ZUHÖRER*INNEN MITNEHMEN? 5
TO YOUR STAGE
SHOWTIME, BABY! 9
KATAUSCHKA '22

IV.
To your stage

Auf allen Bühnen Deines Lebens.

BÜHNE IST VERBINDUNG

The stage is yours! Es ist so weit. Leider ist dieser Moment oft mit Druck verbunden und dem Gefühl, Blicken, Erwartungen, Beurteilungen ausgeliefert zu sein. Vielleicht geht es Dir wie mir und Du fühlst Dich auch nicht (immer) wie eine „Natural Born“ Rampenfrau. In dem eigentlichen Moment frage ich mich oft, warum ich mir das antue, denn Rampenlicht kann einschüchtern, sei es als kleines Mädchen im Lichtkegel vor einer Erwachsenengesellschaft oder als große Rampenfrau im Spotlight. Ehe ich mich versehe, rutsche ich ins Gefallen-Wollen, ins Richtig-machen-Wollen, ins Keine-Blöße-geben-Wollen, keine Fehler-machen-Wollen. Wenn Du Dich zeigst, Dich positionierst, wirst Du gesehen, wirst Du greifbar und somit angreifbar, wirst Du möglicherweise anecken und Kritik ernten.

Ich habe in diesem Zusammenhang eine schlechte Nachricht: Ich habe die Zauberformel noch nicht gefunden, die unsere Bühnen zu einem stets sicheren, berechenbaren Ort macht. Die Bühne ist nie ein Safe Space. Und das ist gut so. Genau das ist das Besondere und Reizvolle, das Lebendige daran. Sichtbarkeit macht angreifbar. Das Risiko zahlt sich immer wieder aus, denn ich glaube fest daran, dass wir alle geboren wurden, um das zu leben, was in uns ist, dass jede von uns einen Auftrag hier auf Erden hat. Elizabeth Gilbert beschreibt es so schön in ihrem Buch *Big Magic*, indem sie diese individuelle Berufung in einen größeren spirituellen Zusammenhang setzt.[43] **Durch jede Einzelne von uns fließt das große Ganze und zeigt sich in unterschiedlicher, individueller Form.** Es liegt an uns, uns als Kanal dafür zur Verfügung zu stellen und keine unnötigen, egozentrierten Dämme aufzubauen, die diesen Fluss ins Stocken bringen. Ich glaube, es geht bei der Bühne vielmehr darum, uns selbst dabei zu unterstützen. Es geht nicht ums Verlassen, sondern um die Erweiterung unserer Komfortzone. Es geht nicht um eine Exponiertheit, sondern eine Verbindung – zum großen Ganzen, zu uns selbst, zu dem, was wir aus uns fließen lassen, und zu den Menschen, zu denen wir sprechen.

VERBINDUNG IM KREIS DES MITEINANDERS STATT EINSAMER ERHÖHUNG AUF DER KANZEL.

Der Schritt TO YOUR STAGE sieht vor, dass Du gut für Dich sorgst, dass es Dir im Rampenlicht gut geht, dass Du verbunden, weit und weich im Rampenlicht bleiben kannst. Du bleibst elegant, wie herausfordernd das Gegenüber auch sein mag. Du bist in Verbindung mit Dir und den anderen. Du wirst Dir bewusst, dass Du Deine eigene Bühne bist und sie nach Deinen Vorstellungen gestaltest. Die Bühne gehört Dir, mir, uns allen!

---

43 Elizabeth Gilbert (2017). Big Magic – Nimm dein Leben in die Hand und es wird dir gelingen. Übers. v. B. Somann-Jung. Frankfurt am Main: S. Fischer.

AUTHENTISCH INTERAGIEREN STATT PERFEKT PRÄSENTIEREN

Wenn ich jemanden im Einzelcoaching bei der Vorbereitung auf eine Rede oder einen Vortrag unterstützen darf, erlebe ich immer wieder eine ähnliche, verfängliche Dynamik, die jeglicher Authentizität den Bühnenboden entzieht. Vor dem Einstieg in die Situation der Rede erklärt mir die Rampenfrau, worum es gehen soll: Es sprudelt begeistert aus ihr heraus. Dann aber kommt der Moment, in dem wir die konkrete Bühnensituation tatsächlich nachspielen. Die Bühne gehört ihr! Tja, so sollte man meinen. Ist das dieselbe Person, die gerade noch lebendig und locker zu mir gesprochen hat? Kaum heißt es „Bühne", schleicht sich plötzlich ein Korsett rund um Körper, Mimik und Sprache: Der Gesichtsausdruck wird unnatürlich verkrampft, die soeben authentisch erzählten Geschichten werden zu aufpolierten G'scheitheiten und abstrakten Wortungetümen, eine allgemeine Distanz macht sich breit. Ich spüre und sehe die Person nicht mehr, die ich eben noch vor mir hatte. Mit jedem gesprochenen Wort vermisse ich sie mehr. Ich merke, wie ich immer angespannter werde und mich verschließe, denn als Zuhörerin fehlt mir die Verbindung zu der Person, ich kann sie nicht (mehr) spüren, nicht (mehr) greifen. Das Gesagte berührt mich nicht mehr, obwohl ich kurz vorher noch an ihren Lippen gehangen hatte.

DU IM KREIS RUNDER BÜHNEN

Verbindung kann nur entstehen, wenn beide Seiten offen sind und es auch bleiben, denn nur so kann unser Bühnenspiel wirklich gelingen. Genau dazu möchte ich Dich hiermit ermutigen, damit Du Dich nicht vom Phänomen der Bühne unter Druck setzen, aus Deiner Bahn, aus Deinem Flow werfen lässt. Die oft missverstandene Herausforderung in Bühnensituationen ist nicht, besonders gescheit rüberzukommen, sondern möglichst wir selbst zu bleiben, um entspannt und authentisch unsere Erfahrungen und Expertise zu teilen und eine gute Verbindung zum Publikum zu halten. Früher habe ich mich in Rhetorikseminaren oft unter Druck gesetzt gefühlt, alles richtigmachen und die jeweilige Technik perfekt umsetzen zu müssen. Ich habe mich daran orientiert, wie ich dachte, sprechen zu müssen, wurde steif und es fühlte sich unnatürlich und aufgesetzt an.

Wäre es nicht befreiend, wenn wir authentisch auf unsere eigene Art reden würden? Aus Sicht des großen Ganzen bringen wir so unsere Lebensenergie zum Ausdruck, dann fließt es durch Dich hindurch und geschieht einfach.

Lass mich Dir also ein paar Impulse für den Schritt ins Licht mitgeben. Sie sollen Dir den Druck nehmen, perfekt präsentieren zu müssen, und die Kraft Deiner Authentizität freisetzen. Du lässt es raus, auf Deine Art, bleibst mit Dir selbst verbunden und Dir selbst gegenüber offen, wie auch Deinen Zuhörerinnen gegenüber. Mir geht es um Deine innere Bühnenarchitektur und wie Du Bühne für Dich wahrnimmst.

Was, wenn unsere Bühnen weniger Ego-Events wären, sondern einen Rahmen für Verbindung schufen? Was, wenn wir die Bühnenarchitektur der erhöhten Kanzel verabschiedeten und durch das Bühnenbild des Kreises ersetzten? Wäre es nicht schön, wenn wir uns nicht gegenseitig von oben herab die Welt erklärten, sondern im Kreis zusammenkommen und unsere jeweiligen Blickwinkel auf Augenhöhe miteinander teilten?

Auch auf einer klassischen Bühne kannst Du innerlich in die Haltung des Kreises gehen und Dich auf Augenhöhe mit Deinem Publikum verbinden. Ich freue mich darauf, Dich im Kreis zu treffen! Im Kreis können wir alle groß sein nebeneinander, es ist für jede Platz – so wird Bühne zu etwas Gemeinsamen.

AUF TIEFERER EBENE MITEINANDER VERBUNDEN

Beim Lampenfieber-QuickFix (siehe auch S. 108) hast Du Dich über Deine Wurzeln geerdet und beruhigt. Behalte Dir diese Wurzeln für die Zeit im Rampenlicht (oder eigentlich immer) bei und stell Dir vor, wie Du über sie mit den anderen im Raum verbunden bist. Die visuelle Vorstellung, wie die Wurzeln der Zuhörerinnen mit meinen eigenen unter der Erde verbunden sind, gibt mir immer wieder Kraft in Momenten, in denen ich mich allein und exponiert fühle. Probiere es doch mal aus und nimm wahr, wie es sich anfühlt, wenn Dir Wurzeln aus den Fußsohlen in den Boden wachsen, sie Dir nicht nur Halt und Bodenhaftung geben, sondern auch das Gefühl von Verbundenheit mit den von Dir angesprochenen Menschen. Das klingt vielleicht im ersten Moment etwas ungewohnt, wurde uns doch oft gesagt, wir sollten uns bei Lampenfieber unser Publikum in Unterwäsche vorstellen. Ich möchte aber weder Dich noch Dein Publikum bloßstellen, sondern vielmehr uns an die authentische Kraft unserer Wurzeln erinnern, die Verbundenheit mit uns, mit dem, wo wir herkommen, mit den Menschen, zu denen wir sprechen. **Auf tieferer Ebene sind wir alle miteinander verbunden.**

Vor Kurzem kontaktierte mich eine sehr erfahrene Rednerin, die sich auch auf großen Podien wohl und wie zu Hause fühlt. Ihr wunder Punkt sei nicht die Bühnengröße, sondern die Unberechenbarkeit des Publikums und spontane, unvorhersehbare Situationen, die sie aus der Bahn ihres Skripts werfen. Sie sei die Meisterin der perfekten Präsentation, doch sie gerate im Anschluss bei Fragen, Diskussionen und öffentlichen oder medialen Dialogen buchstäblich in Panik, weil sie die nicht kontrollieren und steuern könne.

Nochmal eine schlechte Nachricht: Bühne ist der Inbegriff der Unvorhersehbarkeit, daran kann auch die penibelste Vorbereitung nichts ändern. Weder Du noch Deine Zuhörerinnen sind für diese Situation vorprogrammierte Roboter, sondern lebende Organismen, die im jeweiligen Moment aufeinandertreffen. Niemand kann wirklich wissen, was genau passieren wird.

Irgendwie ist es immer ein Stage Dive, ein Sich-fallen-Lassen ins Publikum, wie wir es von Rockstars kennen. Je mutiger wir dabei sind, je mehr wir uns in den jeweiligen Moment hineinfallen lassen, präsent und spontan sein können, uns der Situation und den Menschen hingeben und auf sie eingehen, desto mehr kann eine Verbindung entstehen, desto mehr fühlen sie sich angesprochen, verstanden und schenken Dir die ersehnte Aufmerksamkeit für Deine Botschaften. Es kann zielführender sein, vom vorbereiteten roten Faden abzuweichen, spontan neue Fäden in Richtung Publikum zu spinnen, aus der gemeinsamen Verbundenheit im jeweiligen Moment etwas Neues entstehen zu lassen, ad hoc authentisch miteinander umzugehen – statt perfekt das akribisch Geplante herunterzubeten, und vorwiegend mit uns selbst und unserem Skript beschäftigt zu sein. Niemand kennt Deinen ursprünglichen Plan! Es zählt nur der jeweilige Moment, in dem Du gut für Dich sorgst, damit Du entspannt und präsent bleiben kannst, um ihn zu erfassen, Dein Ding, und schlussendlich ein gemeinsames Ding draus zu machen.

BÜHNE ALS AUTHENTISCHES MITEINANDER

Die folgenden Impulse haben der Dame der großen Bühnen sehr geholfen. Ich hoffe, sie schenken auch Dir eine neue Perspektive auf die Dynamik der Bühne und darauf, wie Du Dich innerlich für diese Bühne einrichten kannst, damit sie zu einem wohligeren Ort für Dich wird. Ich plädiere hiermit offiziell dafür, auf die perfekte Präsentation zu pfeifen, und stattdessen für ein authentisches Miteinander, für authentische Interaktionen. Die Vorteile davon dürften auf der Hand liegen:

PERFEKTE PRÄSENTATION

Perfektionistisch im Rampenlicht	Authentisch im Rampenlicht
Ich predige Weisheiten und erkläre von oben herab die Welt. Das setzt nicht nur mich unter Druck, sondern ich verliere auch oft die Verbindung zu meinen Zuhörerinnen.	Ich teile meinen Blickwinkel, meine Erfahrungen, meine Expertise entspannt auf Augenhöhe – verbunden im Kreis des Miteinanders.
Ich beschäftige mich mit dem **Was** meiner Erklärungen.	Ich gehe mit Begeisterung auf das **Warum** ein.
Ich spüre das **Ich** in mir und den Drang zur Performance. Ich nehme die Haltung ein, **zu** und **vor** Menschen zu sprechen.	Ich spüre das **Wir** in mir und die Verbindung. Ich nehme die Haltung ein, **mit** Menschen zu sprechen.
Ich höre mich selbst. Ich bin vorwiegend mit mir selbst beschäftigt und kann meine Zuhörerinnen dadurch weniger gut wahrnehmen und hören.	Ich höre meine Zuhörerinnen. Während ich spreche, höre ich gleichzeitig, was sie mir nonverbal mitteilen, stehe in einem ständigen Dialog mit ihnen.
Ich sehe mein Publikum als urteilende Macht über mich. Ich frage mich, was sie über mich denken. Das stresst mich und ich stehe außerhalb von mir. Ich will es ihnen recht machen, sodass das verschwimmt, was ich eigentlich sagen will.	Ich sehe mein Publikum als potenzielle Freundinnen, Gesprächspartnerinnen über ein Thema, das uns gemeinsam wichtig ist, unabhängig davon, ob wir gleicher Meinung sind. Ich frage mich, wie ich bei mir und wie ich ich selbst bleiben kann.

AUTHENTISCHE INTERAKTION

PERFEKTE PRÄSENTATION

Perfektionistisch im Rampenlicht	Authentisch im Rampenlicht
Insgeheim frage ich mich: Wie kann ich beeindrucken? Ich tendiere dazu, Wichtigkeit aufzubauen und mich selbst zu erhöhen, weil ich mich vor dem Publikum klein fühle. Meine Augen suchen den nach oben gehenden Cäsar-Daumen im Publikum, meine Ohren suchen den Applaus. Ich will etwas vom Publikum: die heiß ersehnte Bestätigung, dass ich gut genug bin.	Ich frage mich: Was kann ich beitragen? Was ist es, was ich aus meinem Blickwinkel teilen kann, was andere sonst vielleicht übersehen würden? Ich spreche aus meiner eigenen Überzeugung heraus, auf Augenhöhe mit den anderen, und bin im Frieden damit, wenn sie aus ihrem Blickwinkel heraus eine andere Sicht auf die Dinge haben.
Weil ich mich unter Druck fühle, verharre ich in meiner Bühnenmaske und bin steif und unlocker, leider dabei auch ziemlich spaßbefreit.	Ich sorge für mich und meine Entspannung, fühle mich daher frei, Impulsen nachzugeben. Ich bin offen und spontan, irgendwie durchlässig. Meine Schmähs finde ich selbst ziemlich witzig, auch wenn gerade sonst niemand lacht.
Kompetitiver Selbstschutz und Defensive sind angesagt, aber leider auch das Besser-Schlechter-Denken.	Ich habe eine kooperative Grundstimmung und vergleiche mich nicht mit anderen – immerhin bin ich ich, und sie sind sie.

AUTHENTISCHE INTERAKTION

PERFEKTE PRÄSENTATION	Perfektionistisch im Rampenlicht	Authentisch im Rampenlicht	AUTHENTISCHE INTERAKTION
	Ich stecke in meiner Rolle und Funktion fest, in der ich hier agiere. Ich als Mensch bin gar nicht anwesend.	Ich bin mit meinem gesamten Ich präsent, inklusive meiner Values, Visions & Vibes. Ich zeige mich als der Mensch, der ich bin, mit meiner Haltung sowie mit dem Zusammenhang des Gesagten zu meiner Person, zu meiner Expertise.	

Ich hole mir diesen Perspektivenwechsel immer wieder her, wenn ich merke, ich gleite ins Beeindrucken-Wollen und Mich-dabei-selbst-Verlieren ab. Oft hilft es, Dir einfach nur die Frage zu stellen: **Was kann ich beitragen?** – statt: **Wie kann ich beeindrucken?** Es bringt Dich auf die Spur Deiner Einzigartigkeit, auf das, was in der jeweiligen Situation fehlen würde, wenn Du Deinen Blickwinkel nicht teilst und Deine Perspektive fehlen würde.

DER DINNERPARTY-TRICK: SPRUDEL ON STAGE

Damit es nicht erst beim Prosecco danach wieder locker-flockig aus Dir heraussprudelt, gibt es jetzt gleich einen auf Papier – nicht umsonst ist das Buch in Sprudelfarbe getunkt: **Enthemmung als Masterplan**, um das rauszulassen, was in Dir ist. Es ist also an der Zeit, Dich innerlich in Prosecco-Stimmung zu bringen – das geht auch gut ohne Drink in der Hand. Unser Credo beim Speaker Coaching für die TEDx-Bühne ist die innere Dinnerparty: Halte Deinen Vortrag so, als würdest

Du das alles jemandem gut gelaunt bei einer Dinnerparty erzählen. Beschwingt von der Stimmung bei Häppchen und Sprudel, auf entspannter Augenhöhe und mit einem Zwinkern. Du sorgst bei Dir selbst für gute Stimmung und machst damit automatisch auch für andere eine gute Stimmung. Du sprichst nicht zu einer Masse, sondern mit vielen einzelnen Menschen – allerdings nicht wie bei der Dinnerparty nacheinander und von einem Gespräch flirtend ins nächste purzelnd, sondern mit allen gleichzeitig.

Stell Dir vor, wie anstrengend es wäre, wenn Du jedem Einzelnen nacheinander das Gleiche erzählen müsstest. Stattdessen sagst Du es einfach allen auf einmal, mit dem gleichen Verve wie in diesen netten Plaudereien an den Türrahmen gelehnt, mit der chilligen Musik im Hintergrund und dem zarten Gläschen in der Hand.

Was meine ich mit „flirtend“? Das ist keine Anmache, sondern eine lockere und wertschätzende Grundstimmung im Gespräch. Ich flirte beim Einkaufen im Supermarkt genauso gern wie bei einem Akquisegespräch. Damit meine ich also eher eine Grundstimmung, in der ich mich selbst wohl fühle, das Gegenüber meine Wertschätzung spürt. Wie beim Flirten fühlt es sich nach **„Du bist gut. Ich bin gut. Gemeinsam verbringen wir einen schönen Moment“** an. Es ist ein wohltuendes Geplänkel, wobei ich in dieser Stimmung auch völligen Klartext reden und inhaltlich unterschiedlicher Meinung sein kann, ohne dass sich jemand angegriffen fühlt. Das ist das Schöne am Flirten: Wir können wertschätzend Klartext reden und dabei in einer guten Stimmung bleiben. Darauf stoßen wir an!

BÜHNE IST KÖRPER

Der Raum in Dir, Du im Raum

Raum einzunehmen und der Stimme Gehör zu verschaffen, ist eine körperliche Angelegenheit. Zu oft wird der Fokus nur auf den Kopf und die Worte aus dem Mund gelegt und dabei völlig vergessen, dass wir großteils nonverbal kommunizieren. Dass der Körper für Dich spricht, ist eine gute und eine schlechte Nachricht. Die schlechte zuerst: Er verrät schnell mal, wenn das Gesagte unstimmig ist. Die gute: Er verkörpert Deine innersten Überzeugungen. Dadurch ist er ein ausdrucksstarkes Instrument und macht einen großen Teil unserer Glaubwürdigkeit aus. Bühne ist Körper. **Let your body do the talking.**

Plage Dich also nicht beim Auswendig-Lernen, sondern probiere mal, Deine Botschaft körperlich wahrzunehmen. Ich spüre es dann in meinem ganzen Körper, was ich sagen und ausdrücken will. Das nimmt mir den Druck im Kopf, weil ich nicht mehr an den einzelnen Wörtern klebe. Wenn ich den Fokus auf die Präsenz im jeweiligen Moment lege, finden die dafür passenden Begrifflichkeiten und Betonungen wie von selbst aus mir heraus. **Your body is a wonderland.**

Es ist an der Zeit, unseren Körper als Ausdrucksmöglichkeit zu entdecken, als Verstärker unseres Kopfes, der groß sein und Raum einnehmen darf, der endlich die Korsette sprengen darf und soll, in die wir seit Generationen gezwängt werden. Seit eh und je wird uns Frauen Zartheit und Zurückhaltung als Ideal vermittelt, dass wir uns zurücknehmen und zurückhalten sollen. Es gilt jetzt also, einiges zu verlernen, was sich als mächtiger Imperativ nicht nur in unser Selbstbild, sondern auch in unsere damit verbundene Körpersprache, Körperhaltung, Sprache und Stimme eingenistet hat.

Was das Ganze nicht gerade leichter macht, ist die Tatsache, dass sich viele Frauen im eigenen Körper nicht wohlfühlen.

Mein Körper war viel zu lange Zeit mehr Feind als Freund. Erst Dank meiner Yoga- und Meditationspraxis habe ich in meinem Körper eine Heimat gefunden. Erst mit Mitte zwanzig begann ich, ihn von innen heraus einzunehmen, zu bewohnen und mich selbst von innen heraus wahrzunehmen – statt mit diesem wertenden Blick von außen. Wie geht es Dir mit Deinem Körper? Bist Du außerhalb von Dir und blickst von außen auf ihn, oder wohnst Du darin und schaust von innen aus Deinen Fenstern?

Sich auf Bühnen zu zeigen, geht mit der ambivalenten Herausforderung einher, angesehen zu werden. Diese körperliche Komponente ist für manche mehr, für andere weniger ein Grund für Unbehagen. Ich möchte Dich dazu animieren, Deinen Körper als kostbares Instrument zu sehen, etwas, das Dir Deine Präsenz und Deine Stimme verleiht.

Eine klassische Übung zur Bühnenpräsenz ist es, sich vorne hinzustellen und nichts zu sagen, nichts zu tun, einfach nur dazustehen und die Blicke auf sich wirken zu lassen, sie ruhen zu lassen. Probiere das gerne mit ein paar Freundinnen oder Kolleginnen aus. Eine nach der anderen stellt sich vor die anderen und sagt eine Minute lang nichts, lässt sich einfach nur sehen. Sich sehen zu lassen, könnte sogar der verletzlichste, aber gleichzeitig auch der stärkste Aspekt des Sich-Zeigens sein.

Es kann sein, dass es sich nach einer halben Ewigkeit anfühlt. Auch Zeitraum einzunehmen, ist eine Art, Raum einzunehmen und ist nicht jederfraus Sache. Es ist eine spannende Reise, sich der eigenen Räumlichkeit immer bewusster zu werden. Je mehr Du den Raum in Dir wahrnimmst, desto mehr kannst Du den Raum um Dich herum erfassen, desto mehr kannst Du Dich ausbreiten – sei es nun auf der Zeit- oder Raumachse – und desto mehr wirst Du Dir auch Deiner Grenzen und der Grenzen anderer bewusst. Auf in Deinen ureigenen Raum! Dort gibt es einiges zu entdecken.

DER KÖRPER VERKÖRPERT

Dein Körper spricht. Er vermittelt, ob Du Dich sicher oder unsicher fühlst. Er zeigt Deinem Gegenüber, ob Du verschlossen oder offen, empfänglich und aufnahmebereit bist. Unser Körper spricht oft das aus, was uns selbst unbewusst ist. Er spricht somit auch zu uns selbst und sagt uns, wie die jeweilige Situation auf ihn und somit auf Dich wirkt. Er ist **Seismograf und Stimmungsmacher** in einem. Dein Körper ist das visuell wahrnehmbare Bild Deines Vortrags. Wie Du etwas sagst, beeinflusst umfassend, wie das Gesagte wahrgenommen wird: Deine Hände, Schultern, die unzähligen kleinen Muskeln in Deinem Gesicht können mehr sagen als die großen wohl überlegten Worte aus Deinem Mund. Dein Körper verrät mitunter mehr, als Dir lieb ist. Deine aktiven Beugermuskeln können verraten, dass Du Dich unsicher fühlst, was Dich inkompetenter wirken lässt.

Zurückkommend zur guten Nachricht: Wenn Du Deine Botschaft von innen heraus durch und durch verkörperst, musst Du nicht jedes Wort auf die Waagschale legen. Man spricht von Kongruenz, wenn Mimik, Gestik, Körpersprache, Haltung und Bewegung, Ausstrahlung, unsere vielen kleinen Zeichen mit dem Inhalt des Gesagten übereinstimmen. Wenn wir kongruent sind, sind wir authentisch und glaubwürdig, weil unser Denken, Fühlen, Handeln übereinstimmen. Unsere nonverbale Kommunikation ist eine uralte Form zwischenmenschlicher Verständigung, mittels derer wir seit jeher abklären, ob wir uns vertrauen können oder nicht. Lass mich Dich im Folgenden zu einem Spiel mit den vielen Sprachen Deines Körpers einladen.

DEIN KÖRPER SPRICHT WERTE

Deine Hände bewegen sich anders, Dein Gesicht schaut anders, Deine Stimme klingt anders, wenn Du den Wert **Liebe** im Vergleich zum Wert **Fokus** aus Dir sprechen lässt. Lade Deinen Körper mit einem bestimmten Wert auf und er verändert schlagartig seine Haltung. Wenn Du für Gesundheit stehst, wirst Du nicht kraftlos, dissoziert auf einem Bein herumlungern; wenn Du für Begeisterungsfähigkeit stehst, kannst Du nicht cool bleiben; wenn Du für Achtsamkeit stehst, wirst Du Dich nicht abwesend ausklinken.

→ Nimm Dir zwei Blätter Papier, schreibe auf jedes einen Wert, den Du auf Deiner Bühne verkörpern willst, und lege sie vor Dich auf den Boden. (Du kannst es zum Start einfach mit den Werten Liebe und Fokus ausprobieren, damit Dir die Wirkung der Übung bewusst wird.) Steige jetzt auf den ersten Wert, zum Beispiel auf den Wert **Liebe**, und nimm wahr, wie Dein ganzer Körper mit Liebe aufgeladen wird, wie sie sich in Deinem Körper ausbreitet, wie Du sie bis in Deine Fingerspitzen spürst. Manche ziehen sich den Wert auch gerne wie einen imaginären Neoprenanzug an und lassen die Werteschicht auf sich einwirken. Beginne nun mit Deinem Vortrag oder sprich eine Passage Deines bevorstehenden Bühnenauftritts aus dem Wert der Liebe heraus. Was macht die Liebe mit Deiner Körperhaltung, mit Deiner Stimme, mit Deiner Körpersprache, mit Deinem Gesichtsausdruck? Welche Stimmung verbreitest du, wenn du diesen Wert in Dir hast? Im Anschluss machst Du das Gleiche mit dem zweiten Wert und lässt den **Unterschied in Deiner inneren Stimmung und Deinem äußeren Ausdruck** auf Dich wirken.

Wenn ich Liebe in mir habe, bewege ich mich langsam und weich, mein Gesicht ist weich und warm, ich habe einen langsamen, achtsamen Blick auf mein Publikum. Wenn ich durch und durch Fokus bin, spreche ich deutlichere und kürzere Sätze, meine Hände unterstreichen das Gesagte mit Präzision und Anspannung in den Fingern, mein Gesichtsausdruck ist klar und zielgerichtet. Mir gefällt die Vorstellung, dass mich meine Werte ausfüllen. Manches Mal habe ich sogar das Gefühl, dass ich mich an sie anlehnen kann, dass sie mir den Rücken stärken.

PRÄSENZ ASSOZIIERT VS. DISSOZIIERT

Der wichtigste Schritt unmittelbar vor einem Bühnenmoment ist der Schritt ins Hier und Jetzt. Erst wenn Du präsent bist, kannst Du andere in die Präsenz holen, kannst damit einen gemeinsamen Moment erzeugen. Wenn Du voll da bist, nimmst Du den Raum, die Menschen, die Situation in Echtzeit wahr und kannst sowohl flexibel als auch gelassen auf alles reagieren. Aus der Yogapraxis wissen wir, dass der Körper das Einzige ist, was immer anwesend und präsent ist und uns unmittelbar in die Gegenwart bringen kann – unser Geist verabschiedet sich zwischendurch zum gestrigen Meeting oder zur morgigen Einkaufsliste.

Im NLP unterscheidet man zwischen Assoziierung und Dissoziierung. Wenn Du assoziiert bist, dann bist Du ganz da, bist präsent in einer Situation und ganz mit ihr verbunden. Wenn Du Dich intensiv freust oder konzentrierst, bist Du assoziiert. Im Vergleich dazu heißt Dissoziierung, innerlich auf Abstand zu gehen, sich zu entkoppeln, nicht voll dabei zu sein, emotional wenig beteiligt zu sein und einen Außenstandpunkt einzunehmen. Manche von uns sind mehr mit der einen Polarität, andere mehr mit der anderen vertraut. Meist kommt es wohl auf den Kontext an, ob Du Dich einer Situation zugehörig fühlst oder nicht. Bühne verlangt Präsenz und somit einen assoziierten Zustand, während für die Vorbereitung und Planung, also die Analyse und Erfassung des größeren Kontexts oft ein dissoziierter, zurückgelehnter Zustand nützlich ist. Wenn Du Dir des Unterschieds dieser beiden Zustände bewusst bist, kannst Du gekonnt zwischen ihnen wechseln und mit ihnen spielen. Probiere doch mal in einem Meeting aus, bewusst in einen dissoziierten Zustand zu gehen, Dich aus der Situation zurückzunehmen, aus einer entspannten zurückgelehnten Pose ein paar Bonmots fallen zu lassen, statt die nach vorne gebeugte, mitschreibende Arbeitsbiene zu sein. Wenn Dich eine Situation emotional herausfordert, kann es eine Befreiung sein, sich davon zu entkoppeln und herauszunehmen.

Wenn Du aber Rock'n'Roll auf Deiner Bühne, bewusst Raum einnehmen, Aufmerksamkeit bündeln und Stimmung machen willst, musst Du präsent und voll da sein, auch wenn Du Dich dadurch im ersten Moment verletzlicher fühlst. In Bezug auf die Gegenwärtigkeit können wir übrigens viel von Kindern lernen: Wenn sie spielen, sind sie im Hier und Jetzt versunken, sind sie präsent. Und Bühne ist Spiel. Wir müssen uns nur darauf einlassen und uns auch als erwachsene Frauen wieder mehr Spielen gönnen.

Das Gegenteil dessen ist übrigens Coolness: ein dissoziierter Zustand, in dem wir uns verstecken und aus der jeweiligen Situation ausklinken, es nicht wagen, voll und ganz da zu sein. Was hältst Du davon, als Rampenfrau warmherzig, voll da und präsent zu sein – für Dich und Deine Zuhörerinnen. Körperlich aufmachen und präsent werden. Hast Du Lust, mit mir ein Experiment zu wagen?

MIT DEM KÖRPER OFFEN & IN DEINER MITTE

Präsenzübung

Um den Unterschied wahrzunehmen zwischen dissoziiertem Sich-aus-der-Situation-Herausnehmen und assoziierter Präsenz, stellst Du Dich hüftbreit hin, Füße parallel nach vorne, und nimmst wahr, wie Dein Gewicht gleichmäßig auf beide Füße verteilt ist, sodass Du in Deiner Mitte stehst. Atme tief ein – als würdest Du seit Langem das erste Mal wieder Meeresluft riechen. Das richtet Dich auf. Spüre Deine Wurzeln und Deine aufrechte, zentrierte Haltung sowie die damit verbundene sanfte Muskelspannung. Nimm wahr, wie Du nach vorne weich und offen bist, in Hüfte, Herz und Kiefer. Du bist voll da und präsent, kraftvoll und gleichzeitig weich und fluide.

Nun nimmst Du Dich aus der Situation heraus, indem Du an der Hüfte zur Seite knickst – der Klassiker, Hüfte nach links oder rechts knicken, Arme verschränken, und leicht von der Seite nach vorne schauen. Nimm wahr, wie sich die veränderte

Körperhaltung auf Deine Präsenz auswirkt und wie Du nun eine Spur weniger mit der Situation verbunden bist. Nun versuche, während dieses Hüftknicks die Hände in eine Meditations- oder Gebetshaltung vor Deinen Brustkorb zu bringen. Du wirst feststellen, dass es sich sehr komisch anfühlt, mit geknickter Hüfte zu meditieren, zentriert zu sein, tief zu atmen. Denn das setzt eine zentrierte Haltung voraus und funktioniert nur, wenn Du in Deiner Mitte bist.

Es verhält sich mit Deiner Bühnenpräsenz genauso, denn sie braucht Deine Mitte. Komme nun wieder in Deine mittige Ausgangsstellung zurück, indem Du das Gewicht wieder gleichmäßig auf beide Füße verteilst. Du wanderst mit Deiner Aufmerksamkeit zu Deinem Kiefer und Becken – sie sind cranio-sacral miteinander verbunden. Bei jeder Ausatmung lässt Du Kiefer und Becken weich und weit werden, wo es hart und eng ist. Du bist weich und offen, zu Dir selbst und den Menschen, zu denen Du sprichst. Diese Körperhaltung gibt Dir Kraft. Selbst wenn eine noch so schwierige Frage aufkommen sollte, bist Du offen und bereit dafür, hast die dafür nötige körperliche und mentale Präsenz. Du stehst in der Situation. Du bist der Situation buchstäblich gewachsen und nichts wird Dich umhauen!

AUSSTRAHLUNG KOMMT VON INNEN

Nur wer in sich ist, kann etwas ausstrahlen. Wenn Du den jeweiligen Moment bewusst wahrnimmst und erlebst, bist Du buchstäblich mittendrin und es kann aus Dir herausstrahlen. Wenn Du Dich lebendig fühlst, strahlst Du. Was heißt es, bei Dir selbst zu Hause zu sein und Dein Publikum zu Deinen Gästen zu machen? Zu Hause ist nicht nur ein Ort, sondern ein innerer Zustand. Es ist ein Zustand, in dem Du bei Dir und mit Dir selbst verbunden bist, wie aufregend es im Außen auch sein mag. Es geht darum, dass Du Dich in Deinem Körper, im Raum in Dir, sicher und geborgen fühlst und somit auch im Raum rund um Dich herum. Nach fernöstlichen Lehren baut sich mithilfe Deiner Präsenz im Körper ein Energiefeld um Dich herum auf. Das verschafft Dir auch Zeit in Deiner Aktion und Reaktion – komme, was wolle. So strahlst Du Gelassenheit und Souveränität aus. Also ab nach Hause, würde ich sagen! Egal wie aufregend die äußeren Bühnen auch sein mögen, bleibst Du innerlich daheim – die ultimative tantrische Erweiterung der Komfortzone.

Anleitung zur Meditationsübung

Meditation Inneres Zuhause: Gönne Dir einen ruhigen Moment und nimm Dir Zeit für eine meditative Visualisierung. Setze oder lege Dich an einen ruhigen Ort, mache die Augen zu und beobachte Deine Atmung, wie sie in Deinen Körper ein- und ausfließt. Lasse die Energie in Deiner Einatmung tief in Deinen Körper fließen, und lasse in der Ausatmung alle Anspannung los. Nun wendest Du Deinen Blick nach innen und wanderst mit Deiner Aufmerksamkeit durch Deinen Körper – Körperteil für Körperteil. Wenn Du so Deinen Körper durchwandert hast, verweilst Du mit all Deiner Aufmerksamkeit in Deinem Körper an einem Ort, der sich besonders geborgen und wohlig nach zuhause anfühlt. Nimm diesen inneren Ort mit all Deinen Sinnen wahr. Was siehst Du da? Was riechst Du? Was hörst Du? Wie fühlt es sich an? Schmeckst Du vielleicht etwas? Lasse Dich überraschen und es einfach auf Dich wirken. Genieße das Verweilen an diesem Ort innerer Geborgenheit.

Nun nimmst Du Dich und Deine Umgebung nicht über Deine Augen wahr, sondern aus der Perspektive dieses inneren Zuhauses. Du kannst jederzeit an den Ort Deines inneren Zuhauses gehen. Im Idealfall bleibst Du für immer hier, besonders aber in aufregenden Momenten, dann verhilft Dir die Verbundenheit mit diesem inneren Ort zu Präsenz, Sicherheit und Souveränität. Die vollständig angeleitete Meditation findest Du wieder im Backstage-Bereich meiner Website, bei den anderen Speaking-Journey-Meditationen:

PULL VS. PUSH
TANTRA ON STAGE

Vergleichbar mit Yin und Yang stehen sich in der tantrischen Philosophie zwei gegensätzliche Kräfte gegenüber: Die „Pull"- und „Push"-Energien wirken als Polaritäten aufeinander und miteinander. Gemeinsam ergeben sie ein rundes Ganzes. Die Push-Energie wird dem Männlichen zugeordnet, sie soll eine druckgeladene und vordringende Energie von Zielfokussierung und Zuspitzung haben. Die Pull-Energie hingegen wird dem weiblichen Prinzip zugeordnet und steht für ein Sich-Öffnen, eine Weitung und das Empfangen, mit dem ein Rahmen geschaffen wird, in dem etwas Neues entstehen kann.[44]

Immer wieder höre ich von Frauen, dass sie sich nach Bühnenmomenten erschöpft und ausgelaugt fühlen, weil sie sich selbst so für eine Push-Performance unter Druck gesetzt haben. Gleichzeitig weiß ich von vielen Frauen, dass sie sich nicht am Bühnenbild des pushy Alpha-Speakers orientieren möchten, sondern ein ruhigeres, weicheres und entspannteres Bühnenselbstbild entwickeln wollen. Über Generationen hinweg wur-

44 Inspiriert von der Tantra-Expertin Diana Richardson im Retreat „Zeit für Weiblichkeit", 2018.

den Bühnen vorwiegend von Männern bespielt – kein Wunder also, dass wir mit der Bühne eine energiegeladene und eindringliche männliche Energie verbinden, das sogar als normal empfinden. Vielen Frauen ist das jedoch schlicht und ergreifend zu anstrengend. Sie empfinden es als einschüchternd und unstimmig für sich selbst. Es entspricht eben nicht unserem weiblichen Prinzip.

Bühne heißt nicht zwingend, dass wir mit 150 Prozent unserer Energieressourcen lospreschen müssen, um abends erschöpft ins Bett zu fallen. Statt aktivierend und postulierend außer Dir zu sein, kann Bühne genauso heißen, dass Du mit Dir selbst verbunden bleibst und die Aufmerksamkeit Deiner Zuhörerinnen im Pull-Modus anziehst. Du bleibst in Deiner eigenen Energie und lädst uns zu Dir ein, anstatt auf uns energetisch loszustürmen und Dich auf der Bühne zu verausgaben. Deine Zuhörerinnen werden zu Deinen Gästen, für die Du gut sorgst, damit sie sich mit Deinen Inhalten wohlfühlen. Du schaffst einen Rahmen, in dem etwas Gemeinsames entstehen kann – der Inbegriff samtiger Pull-Energie. Du für Dich auf Deine Art. Du lässt Deine innere Stimmung nach außen. Du bist die, die Du gerade bist. In diesem Moment. Du bist in Deinem Rhythmus, in Deinem Tempo, in Deiner Stimmung. Du arbeitest nicht gegen Dich, sondern mit Dir und für Dich. Statt Dir Energie zu rauben, wird Dir die Bühne Energie schenken. Du bist im Flow. Die Energie fließt mit Dir. Atmen.

BÜHNE IST AUSDRUCK

Stimme. Pause. Nagellack.

TIEF & LAUT STATT HOCH & LEISE

Ist Dir schon einmal aufgefallen, dass Du bei Aufregung mit der Atmung aufhörst? Dann, wenn wir am meisten einen tiefen Atemzug für Entspannung und Kräftigung bräuchten, halten wir ihn an. Beobachte doch mal die Wechselwirkung zwischen Deinem Atem und dem, was Du emotional empfindest. Wenn Du unter Druck stehst und Dich gestresst fühlst, wirst Du flach- und kurzatmiger, die Kraft und Energie, die durch die Atmung in Deinen Körper kommt, schafft es nur bis in den oberen Brustbereich, vielleicht sogar nur bis zum Dekolleté. Das führt meist dazu, dass auch die Gedanken schneller, flacher, stressiger werden, und wir mit ihnen ängstlicher und unsicherer. Die **Stimme ist der Überträger der inneren Stimmung.** Sie macht diese unsichere, gestresste innere Stimmung hörbar. Zudem lässt Aufregung die Stimme auch tendenziell höher werden, dann büßt sie an Tiefgang und Volumen ein. Oft sprechen Frauen zu leise und mit zu hoher Stimme, sie werden daher oft überhört. Wenn sie adrenalinbedingt laut sprechen, werden sie manchmal als unangenehm kreischend empfunden oder empfinden sich selbst so. Tief und laut tragend nicht kreischend, nicht hoch und leise ist also das Ziel.

Wann immer Du wahrnimmst, dass Deine Atmung flach und kurz ist, nimmst Du einen tiefen, langen Lungenzug. Stell Dir dabei gerne wieder vor, wie Du das tiefe, weite Meer in Dich einatmest. Wie Du Dich mit dem Tiefen und Weiten in Dir verbindest. Nach einer Weile wirst Du merken, wie sich durch die tiefe Atmung Deine Stimme verändert, wie sie tiefer und tragender wird, wie Du entspannter und selbstbewusster wirst.

Eine bewusste, tiefe Atmung schafft einen klaren Kopf und einen ruhigen Körper, weil sie einen indirekten Einfluss auf Deine Herzfrequenz hat. Genau das brauchst Du für Deine Selbstwahrnehmung und das damit verbundene Selbstvertrauen. Du hast eine ruhige, tiefe Stimme und verbreitest eine (kon-)zentrierte Stimmung. So transportiert Deine tiefe, tragende Stimme Gelassenheit, und vermittelt Kompetenz und Souveränität.

Unser Atem verbindet uns nicht nur mit uns selbst, sondern auch mit anderen. Wenn wir in den Bauch atmen, bauen wir viel eher Rapport mit Menschen auf. So entsteht ein gemeinsamer Atemrhythmus und eine kraftvolle, emotionale Verbindung zwischen Sprecherin und Zuhörerin. Wenn wir tief atmen, sind wir mehr mit unserem Herz verbunden und sprechen aus unserem emotionalen Zentrum heraus. Wir werden dadurch offener und ausdrucksvoller, nicht so emotional weggesperrt wie bei einer flachen Atmung. Du agierst aus Deiner Mitte heraus, bist dadurch authentisch und glaubwürdig in Deiner Ausstrahlung und Deinen Aussagen.

Jetzt kommen meine Lieblingsübungen für eine stimmige Stimme. Sie sollen Dir helfen, Dich kraftvoll und klar zum Ausdruck zu bringen. Ach ja: Vermeide Kaffee, Soda und Zuckerhaltiges vor Deinem Auftritt, denn sie trocknen Deine Stimmbänder aus. Diese wollen aber feucht gehalten werden, um Halskratzen und nervös wirkendes Räuspern zu vermeiden. Warmes Wasser, weißt Du noch?

HULA-HOOP STATT KORSETT

Atemübung

Jetzt möchte ich Dich dazu einladen, tief und weit zu werden, allfällige Korsette zum Bersten zu bringen und Raum in Dir einzunehmen – Raum für Deine Stimme. „Hula-Hoop statt Korsett" ist jetzt angesagt.

DAS MEER IN DIR

Zuerst nimmst Du jedoch eine angenehme, aufrechte Haltung im Sitzen oder Stehen ein, damit sich Dein Klangkörper Raum verschaffen kann. Du kannst Dich gerne irgendwo anlehnen, aber sorge dafür, dass Dein Kopf mit Deinem Hintern eine Linie bildet und Du nicht im Rücken kollabierst. Stelle Dir nun eine wunderschöne Qualle vor. Nicht die, die Dir im Urlaub Juckreiz verursacht, sondern diese fantastischen, anmutigen Geschöpfe weit draußen am Meer. Denn Dein Zwerchfell bewegt sich wie diese Qualle: Wenn sie in die Tiefe abtaucht, öffnet und weitet sich ihre Haube und sie gleitet majestätisch nach unten ab. Das

Gleiche machst Du in Deiner Einatmung. Stell Dir vor, wie Du bis in die Tiefe Deines Beckens gleitest, weit und offen. Dein Rücken weitet sich nach hinten, Deine Flanken weiten sich zur Seite, Dein Bauch weitet sich nach vorne. Da wo Frauen über Generationen in ein Korsett gezwängt wurden, weitest Du Dich und wirst immer weiter und weiter, weit wie ein riesiger Hula-Hoop-Reifen, der rund um Deine Taille schwebt. Hula-Hoop statt Korsett.

Will die Qualle wieder nach oben Richtung Wasseroberfläche, verschließt sie und verengt sie sich, spitzt sich zu, um das Wasser nach oben zu durchdringen. Das macht Dein Zwerchfell in Deiner Ausatmung. Luft dringt nach oben und außen. Wir sprechen in der Ausatmung. In der Einatmung weitest Du Dich, sammelst Dich, schöpfst aus Deiner Tiefe; in der Ausatmung bringst Du all das nach oben zum Ausdruck. Deine Quallen-Einatmung sorgt für Deinen Tiefgang, für Tiefe und Ruhe in Deiner Stimme, Deine Quallen-Ausatmung für den pointierten Ausdruck dessen.[45] Sei immer wieder diese Qualle: Du im großen, weiten Meer; das große, weite Meer in Dir.

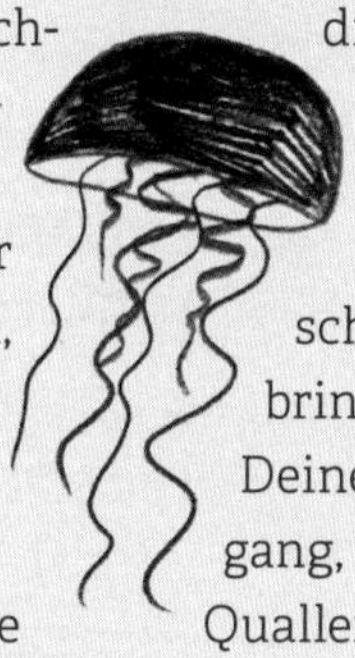

LOCKER WERDEN & LACHEN ENDLICH ROCKSTAR!

Stimmtraining ist eine Frage der Entspannung, der Weite Deines Klangkörpers. Lockere Deine **Hüften, Schultern,** Deinen **Kiefer.** Stell Dir vor, diese drei Ebenen gleichen einem kreisenden Hula-Hoop-Reifen. Du lässt sie nacheinander ihre Kreise ziehen, beginnend mit Deinen Hüften, dann mit Deinen

45 Inspiriert von: Jean Hall (2018). Atmen: Einfache Atemübungen für ein bewussteres Leben. Übers. v. D. Schmid. Stuttgart: TRIAS.

Schultern und zuletzt mit Deinem Kiefer. Vielleicht sogar im Rhythmus Deines Stage-Songs! Wo Du schon dabei bist: Sing doch im Anschluss gleich noch innbrünstig ein paar Strophen. Singen sorgt nicht nur für Stressabbau und die Ausschüttung von Glückshormonen, sondern kräftigt Deine Stimme. Viele von uns behaupten, nicht singen zu können. Darum geht es hier aber nicht, sondern einzig darum, dass Du Deiner inneren Stimme freien Lauf lässt und Dich an das Gefühl dieses lustvollen verbalen Selbstausdrucks gewöhnst, um genau diese Stimmung mit auf Deine Bühnen zu nehmen.

DEINE STIMMUNG MACHT STIMME!

DEINE STIMME MACHT STIMMUNG!

Bei diesen Übungen gibt es sicher einiges zu lachen. Wie auch das Singen hat das Lachen unzählige positive Effekte auf unsere körperliche und mentale Gesundheit. Es weitet den Raum für den Klang Deiner Stimme – nicht umsonst gibt es Lachyoga. Schon mal ausprobiert?

DIE JANE RAUS- & DIE KORKEN KNALLEN LASSEN

Du Jane, ich Jane. Für mehr Wärme in Deiner Stimme klopfst Du wie früher Tarzan auf Deine Brust und sagst dabei „aaaaa“. Denke dabei an etwas Wunderschönes und nimm wahr, wie Du zu lächeln beginnst, wie sich Wärme in Deinem Brustkorb und Deiner Stimme ausweitet. Was denkst Du, wusste Tarzan von der Thymusdrüse?

Schon mal vom Korkentrick gehört? Er sorgt für die Aktivierung der Muskeln in Deinem Mundraum und somit für eine klare und präzise Aussprache. Du steckst Dir einen Korken zwischen die Vorderzähne – nur ein kleines Stück weit, damit sich die Zunge noch frei bewegen kann. (Du kannst das auch mit dem abgewinkelten Zeigefinger machen und auf das abgewinkelte Fingergelenk beißen. Das mache ich immer.) Nun sprichst Du die ersten zwei Minuten Deines Auftritts so durch. Du wirst merken, was das für ein Training für die Muskeln im Mund ist, wie anstrengend deutliches Sprechen ist, damit Du trotz dieses Sprechhindernisses verständlich sprichst. Hast Du das ein paar Mal gemacht oder einzelne Passagen Deines Auftritts so durchgesprochen, wird Dir der tatsächliche Auftritt wie ein Kinderspiel vorkommen. Mach das gern erneut unmittelbar vor Deinem Auftritt.

ÄSTHETIK FÜR AUGEN UND OHREN

Im Schritt TO YOUR STORY lag der Fokus darauf, was Du sagst. Jetzt geht es darum, wie Du es sagst, also um den buchstäblich schönsten Aspekt der Rhetorik: die Ästhetik. Die rhetorischen Grundlagen fußen nicht nur auf den Gesetzen der Logik, sondern auch auf den Regeln der Rhythmik und Harmonie. Denn unser Hirn folgt nicht nur gerne logischen Schlüssen, sondern wir folgen als sinnliche Wesen auch der Harmonie, der Schönheit, der Poesie. Haben Deine Aussagen auditive und das von Dir Gezeigte visuelle Ästhetik, kann das eine überzeugende Anziehungskraft entwickeln. Daher sorgen wir jetzt dafür, Ästhetik in den Duktus, Klang und Rhythmik Deines Gesagten zu bringen. Deine PowerPoint-Folien und sonstigen visuellen Hilfsmittel unterstreichen dies und formen gemeinsam mit dem Gesagten ein Gesamtkunstwerk. Seien es Deine Stimme, bewusst gesetzte Pausen, Schuhe, Nagellack oder PowerPoint-Folien – alles, was auf Deiner Bühne sicht-, hör- und spürbar ist, wird zum Teil Deiner Botschaft. Je harmonischer das ineinanderfließt, je stimmiger es ein rundes Ganzes ergibt, desto stimmiger und überzeugender ist auch Dein Auftritt.

POWER UND PAUSEN

Dein Sprechtempo, die Art, wie Du Pausen setzt, Deine Stimmlage, Lautstärke und Betonung gestalten das, was Du sagst, und beeinflussen, wie es ankommt bei den Zuhörerinnen. Auch hier gilt es, künstliches Aufblasen zu vermeiden, stattdessen möglichst einfach und präzise zu bleiben. Wir sprechen anders, als wir schreiben. Daher ist es oft kontraproduktiv, alles Wort für Wort aufzuschreiben, auswendig zu lernen und herunterzubeten. Am besten schreibst Du Dir nur Stichwörter auf, um den inhaltlichen roten Faden zu überblicken, sprichst sonst aber frei wie im Alltag auch.

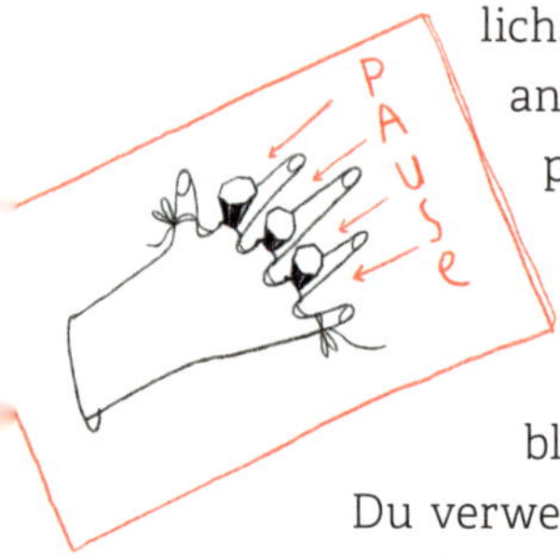

Du verwendest keine Schachtelsätze, wenn Du das sonst auch nicht machst, keine ungewohnten Fremdwörter, die Du sonst nicht verwenden würdest. Du tätigst kraftvolle, klare Ansagen, lässt aber auch Raum für Pausen, damit das Gesagte bei den Zuhörerinnen seine volle Wirkung erzeugen kann. Gleichzeitig verschaffst Du Dir mit Pausen Möglichkeiten für tiefe Lungenzüge am Meer und somit einen klaren Kopf zwischendurch. Statt unliebsamer Füllwörter und Fülllaute, die Deine Aussagen nur unnötig verwässern, gönnst Du Dir Verschnaufpausen. Du fokussierst Dich nicht auf das, was du loswerden willst, wie die Ähms, Mhhs oder die verlegenen Lückenfüller wie „natürlich“, „eigentlich“, „irgendwie“, „gewissermaßen“, „zweifelsohne“, „grundsätzlich“. Wie Du weißt, kennt unser Unterbewusstsein keine Verneinung. Daher würde diese Herangehensweise oft eher das Gegenteil bewirken.

Du konzentrierst Dich viel lieber darauf, was Du stattdessen integrieren möchtest: Pausen, die dem Gesagten einen Rahmen geben und Deinem Publikum die nötige Zeit, es zu verarbeiten.

Pausen betonen das zuvor Gesagte, lassen es kraftvoll im Raum stehen und wirken. Nach dem Punkt am Satzende atmest Du tief ein. So legst Du den Fokus auf das Satzende und die Pause. Wie eine Malerin ihrem Kunstwerk ein Passepartout verpasst, damit es noch mehr Wirkung erzeugen kann, verpasst Du als verbale Ausdruckskünstlerin Deinen Botschaften einen verstärkenden Rahmen durch natürliche Pausen.

Du kannst auch Langsamkeit nutzen, um die Intensität zu steigern, oder Schnelligkeit, um die Stimmung anzukurbeln. Du musst Dich nicht zwischen Zen-Priesterin und Shakira entscheiden. Du tanzt den Tanz der Polaritäten, um Dich und Deine Botschaften in Wirkung und Aussagekraft zu stärken.

Apropos Tanz, positive Stimmung ist immer gefragt. Vermeide negative Formulierungen, wie zu viele Sätze und Ansagen voller „nicht, nie, niemand, nichts, kein/e". Du willst sicherlich, dass das Publikum statt Negativem, Probleme und Mängel mit Dir Positives, Lösungen und Möglichkeiten verbindet. Jetzt spricht die pathologische Optimistin aus mir, aber ich bin mir sicher, dass sich viele Deiner negativen Botschaften in positive umformulieren lassen. Aus „Dafür hatte ich noch keine Zeit" kann „Dazu werde ich zeitnah recherchieren" werden, aus „Die Studienergebnisse haben wir noch nicht" kann „Wir sind schon gespannt auf die Ergebnisse" werden. Das ist kein Appell zu toxischer Happy-Pills-Positivität, aber ein bisschen Perspektivenwechsel vom halb leeren zum halb vollen Glas hat noch niemandem geschadet – wie würdest Du das positiv umformulieren?

Zur Sicherheit machen wir auch noch einen kurzen sprachlichen **Schrumpf-Check.** Immer wieder verwenden Frauen gerne sprachliche Weichmacher, Relativierungen und Konjunktive, und schrumpfen damit die Kraft des Gesagten. Sätze, die klare Aussagen sein könnten, werden verdünnt und lieblich verpackt: Aus einem knalligen Rot wird dann ein verwässertes verbales Rosarot. Bleib lieber unverdünnt in Deinem verbalen Selbstausdruck:

- Vermeide Konjunktive und Relativierungen: könnte, wollte, möchte, wäre, eigentlich, nur, ein bisschen, eventuell, so in der Art …
- Entschuldige Dich aufrichtig, wenn Du jemandem einen Schaden zugefügt hast, aber niemals für Deine Existenz, jedes kleine Missgeschick, die drei Minuten Verspätung.
- Verzichte auf Haftungsausschlüsse, verbale Handbremsen, mit denen Du Deine Aussagekraft drosselst, wie „Ich denke nur laut/habe nur laut gedacht …“, „Ich bin darin keine Expertin, aber …“, „Das ist nur eine Idee, aber …“
- Bedanke Dich bei Deinem Team, aber verstecke Dich in Deinen Dankesreden bitte nicht hinter den Leistungen anderer, sondern lasse Dich auch selbst sehen. Was war Dir in diesem Prozess wichtig? Wofür stehst Du in dem Ganzen? Was war Dein persönliches Ziel? Schmälere nicht Deine eigenen Leistungen und Beiträge. Begegne Dir selbst auf Augenhöhe – damit es auch Deine Zuhörerinnen tun (können)!

ETWAS RHETORISCHE KLASSIK MUSS SEIN

Es gibt Unmengen an rhetorischen Kniffen, aber wie Du weißt, stresse ich Dich ungern damit, an was Du alles denken sollst. Ich mag es, wenn Sprache authentisch und natürlich daherkommt, gerne aber mit rhythmischem, poetischem, bildlichem strategischem Verve. Hier eine kleine, feine Ode an drei zeitlose Klassiker:

- Die **Repetitio** nutzt die Wiederholung als Stilmittel, um einer Aussage mehr Betonung und besondere Bedeutung zu geben. Im Deutschunterricht wurden Wortwiederholungen mit einem Rotstift getilgt. In der mündlichen Sprache kann sie Eindringlichkeit erzeugen und Deiner Botschaft Nachdruck verleihen: „Sie erzählte mir Geschichten, die mich verstanden. Geschichten, die mich berührten. Geschichten, die mich mitnahmen." Die Wiederholung erzeugt eine kraftvolle und strukturierte Rhythmik. So setzt etwa die Anapher als rhetorisches Stilmittel auf eine Wiederholung jeweils am Satzanfang, seis mit sich wiederholenden Worten oder Wortgruppen: „Ich danke meinem Team. Ich danke meiner Führungskraft. Ich danke mir selbst." Sobald Du Dir der Kraft der Wiederholung bewusst wirst, kommt sie Dir plötzlich überall unter, sei es in der Werbung, in der Literatur, in den Abendnachrichten.

- Eine **Metapher** überträgt den Sinn eines Wortes oder einer Wortgruppe in einen anderen Bedeutungszusammenhang, um das Gesagte anschaulicher und lebendiger zu gestalten. Etwas bereits Bekanntes wird als Bild für etwas Neues oder Kompliziertes herangezogen, das verstanden werden soll, wie das Finden der viel besungenen Nadel im Heuhaufen, wobei ein Fass ohne Boden aufgemacht und womöglich das Recht mit Füßen getreten wird.

- **Rhetorische Fragen** werden nicht für Antworten gestellt, sondern um Behauptungen in den Raum zu stellen. Sie können provozieren, zum Nachdenken anregen und das Publikum vor dem Einschlafen bewahren, indem Du sie dazu nötigst, mit dem Kopf zu nicken oder ihn zu schütteln. Hättest Du nicht auch so gehandelt? Sind wir nicht alle nur Menschen? Geht uns die Zukunft unserer Gesellschaft nicht alle gleichermaßen etwas an?

POWERPOINT-FOLIEN, DIE ZUM OUTFIT PASSEN

„Die Folien müssen zu Dir passen, und ein bisschen auch zum Outfit", höre ich mich manchmal sagen. Wenn ich an Deine Folien denke, soll ich Dich buchstäblich vor mir sehen und Deine Worte und Deine Botschaften wieder im Ohr haben. Seien es die Formen und Farben auf Deinen PowerPoint-Folien, Deine Handschrift auf dem Flipchart, Dein Nagellack oder die Absätze Deiner Schuhe – all das zusammen lässt ein Bild von Dir entstehen.

Und wie wir wissen, sagt ein Bild mehr als tausend Worte. Ob Du willst oder nicht: Dein Outfit ist Teil Deiner Botschaft. Entgegen meiner feministischen Grundeinstellung, dass nicht vorwiegend das Äußere von uns Frauen unseren Wert und unsere gesellschaftliche Einordnung bestimmen sollte, gilt hier die archaische Grundformel, dass wir Menschen, unabhängig vom Geschlecht, basierend auf dem Bild, das unsere Erscheinung zeichnet, beurteilt, eingeordnet und interpretiert werden. Im Vergleich zu Männern wird bei Frauen eher das Aussehen, die Kleidung, die Frisur kommentiert und erst dann ihre Inhalte. Es hat mich schon ein paar Mal selbst betroffen gemacht, dass ich anlässlich eines Zeitungsinterviews auf das Foto, auf dem ich wohl überraschend gut ausgesehen habe, angesprochen wurde, und weniger auf meine Aussagen im Text. Ich verstehe den visuellen Überraschungseffekt angesichts meines im Alltag manchmal zerrauften Erscheinungsbildes, aber ein bisschen mehr Interesse an dem, was mein eigentliches Anliegen und mein inhaltlicher Beitrag ist, im Verhältnis zum äußeren Erscheinungsbild, würde ich schon schön finden. Das wäre doch noch was für ein letztes Rampenfrauen-Ehrenwort gegen Ende unserer Reise, meinst Du nicht auch? Lass uns gegenseitig weniger das Äußere in den Vordergrund rücken, stattdessen mehr das Augenmerk darauf richten, was jede von uns zu sagen hat, auf das, was uns hinter der Inszenierung ausmacht und verbindet.

Zurück zu meiner ursprünglichen Aussage: Es wäre schade, das Wissen über die Kraft der Bilder zu ignorieren. Du hast es wieder mal selbst in der Hand und kannst die Kraft des Visuellen für Dein Bühnenziel nutzen, für die Werte, die Du verkörpern willst, für die Vibes, die Du in den Raum bringen, für die Botschaft, die Du vermitteln willst. Schau Dir nochmal Dein Bühnenziel an, hol Dir nochmal Deine VVV (Values, Visions, Vibes) her, und überlege Dir, wie Du das visuell unterstreichen kannst – sei es mit Leuchtstift am Flipchart oder mit Lippenstift im Gesicht. Welches Outfit bringt Deine VVV zum Ausdruck und lässt das gewünschte Image entstehen? Was willst Du mit Deinem Outfit sagen? Was erzählt Deine Kleidung und inwiefern ist sie Ausdruck Deiner Persönlichkeit? Wofür steht sie? Für bunte Vielfalt, für puristischen Fokus, für Extravaganz und Kreativität, für Struktur, Klarheit oder Detailbewusstsein? Eine Makro-Chunkerin erkenne ich meist am COS-Kleid oder am Jumpsuit, eine Mikro-Chunkerin an vielen kleinen schmückenden Details und figurativen Mustern.

Achte jedoch unbedingt darauf, dass Dir Deine visuelle Gestaltung, sei es PowerPoint oder Puffärmel, nicht die Show stehlen und von Dir und Deinen Aussagen ablenken. Wenn die Folien vollgestopft sind mit Text, bringst Du Deine Zuhörerinnen in den inneren Konflikt zwischen Lesen und Zuhören. Wenn auf Deiner Folie etwas steht, was nicht mit dem gerade Gesagten zusammenpasst, kann es sein, dass manche Deiner Zuhörerinnen in eine gedankliche Parallelspur abbiegen, statt Dir und Deiner inhaltlichen Spur zu folgen. Was gute TED-Talks ausmacht, sind oft die sehr reduzierten, aber umso stärkeren Bilder und Worte, die an die Wand und somit in den Raum geworfen werden. Sie begleiten Deine freie Rede und machen Stimmung für Deine Aussagen. Oft genügt ein einzelner Begriff in großen Buchstaben pro Folie, ein Bild ohne Text pro Folie, ein Satz pro Folie. Die meisten Menschen wollen nicht von Folieninhalten überflutet werden, sondern hören, was Du zu sagen hast. Eine detailliertere Ausführung kannst Du auch im Nachhinein per E-Mail schicken. Weniger ist auch hier mehr ... viel mehr.

Woran soll sich Dein Publikum bildlich erinnern? Mit welchen kraftvollen Bildern und Begriffen soll Dich Dein Publikum langfristig assoziieren? Nach und nach wird sich ein Wiedererkennungswert einstellen, wenn Du immer wieder Deine Farben, Deine Schriftart, Deine visuelle Sprache, Deine Bilder für Dich sprechen lässt. Nach und nach entsteht Deine persönliche visuelle Note, in der sich Deine Persönlichkeit und das, wofür Du stehst, widerspiegelt. Das geht auch genauso dann, wenn Du die visuelle Corporate Identity Deines Unternehmens verwendest. Auch im Rahmen einer gemeinsamen visuellen Sprache kannst Du Deine eigene, individuelle Note einbringen und Dich als Individuum mit individueller Aussagekraft positionieren.

HÄNDE WEG VOM FIRMKLEID!

„Was soll ich bloß anziehen?“, klingt im ersten Moment nach einer oberflächlichen Frage, doch Du ziehst mit Deiner Kleidung nicht nur Stoff, sondern auch Stimmung, Werte, Image an. Egal ob Bühne oder nicht: Finde die Kleidung, die Dir gut tut und zu Dir passt, die Dir das Gefühl vermittelt, die zu sein, die Du an diesem spezifischen Tag sein möchtest. Ich wäre gerne erleuchteter und würde mein Selbst völlig unabhängig von meinem Äußeren wahrnehmen. Das aber wäre (noch) gelogen. Es ist einfach so, dass ich mich selbst besser fühle, wenn ich mich schön finde und mir selbst gefalle. Das gibt mir Sicherheit und ein gutes Gefühl, im Idealfall fühle ich mich dann sogar so sicher, dass ich mein Outfit wieder völlig vergesse.

Nicht nur die Kleidung, ganz besonders auch die Schuhe prägen die innere Stimmung und Selbstwahrnehmung. In hochhackigen goldenen Schuhen fühle ich mich anders als in meinen knautschigen Converse. Das hat Einfluss darauf, wie ich mich selbst im jeweiligen Moment wahrnehme: flockig erhöht oder alt eingesessen vertraut. Beides mag ich, beides kann Bühne. Nur wähle ich bewusst das, was ich für die jeweilige Bühne lieber habe. Mit Deiner Kleidung, mit Deinen Schuhen ziehst Du Dir eine innere Stimmung und eine damit verbundene äußere Körperhaltung an. Wähle das, was Dich in die für den jeweiligen Moment passende Stimmung bringt und in Einklang ist mit dem, was Du vermitteln möchtest.

Es gibt eine Sache, die ich wirklich hasse: Firmkleider. Darunter verstehe ich Korsettkleidung, in die ich mich hineinzwängen muss, die zwar schön ist, mich aber verkleidet und einengt, mich in meiner freien Bewegung hindert. Ein Firmkleid ziehst Du aus, sobald Du nach Hause kommst – und das mit großer Erleichterung. Dein Bühnen-Outfit soll das genaue Gegenteil sein! Du ziehst es an und fühlst Dich darin zu Hause, ganz Du selbst. **Du trägst, was Dich trägt.**

Ein bisschen kannst Du auch auf die Farben Deiner Folien und den Bühnenhintergrund schielen. Ich bin da eine Farbfetischistin und liebe es, wenn sich eine visuelle Harmonie ergibt, aus allem, was sichtbar ist. Immer wieder beobachte ich die Tendenz, sich dem monotonen Grau-Schwarz-Dunkelblau der „It's a man's world"-Bühnen anzupassen, sich dort zu assimilieren. Um dazuzugehören und nicht aufzufallen?

Das Bild vom Chef als graue Eminenz prägt noch immer unsere visuellen Assoziationen rund um Menschen, die vorne stehen und das Sagen haben. Ist es nicht höchste Zeit, Farbe zu bekennen? Die Rampenfrau lässt das graue Kontrollkostüm im Kasten hängen, lässt das Bunte und Viele aus ihr heraus und lässt sich nicht vom grauen Mann der Geschäftswelt davon abhalten. Stell Dir eine Welt vor, mit mindestens so vielen bunten Frauen wie grauen Männern auf den Bühnen. Wäre das nicht eine völlig neue Welt, eine Welt, wie wir sie unseren Töchtern wünschen? Genauso aber unseren Söhnen, die dort auch bunt sein dürfen und all die Facetten zum Ausdruck bringen können, die in ihnen sind?[46]

Noch etwas: Die Rampenfrau steht für Selbstwirksamkeit im Hinblick auf die Gesundheit unseres Planeten. Sie trägt bewusst nicht jedes Mal etwas anderes, sondern verkörpert Nachhaltigkeit, indem sie das gleiche Kleid mehrmals anzieht, egal wer im Publikum sitzt. Um ein Zeichen gegen Weibchenkonsum und Pink Tax zu setzen, habe ich zwei Jahre hintereinander dasselbe Outfit bei der Moderation der TEDx angezogen. Zu meiner Überraschung hat das jemand als überlegten Personal-

46 Wie es Tijen Onaran so auf den Punkt in einem ihrer LinkedIn-Posts zusammenfasste: „Es geht nicht darum, dass alle jetzt bunte Anzüge tragen, sondern es geht darum, dass jede das tragen kann, was sie will! Und ich freue mich, dass es immer mehr Frauen gibt, die genau das leben! Wer sich also darüber lustig macht, macht sich über Frauen lustig, die einfach sie selbst sind. Ich kann aber nur sagen: das geht nicht mehr weg, Frauen zeigen sich, sind sichtbar und haben den Mut zu sich zu stehen."

Branding-Akt interpretiert. Beides nicht schlecht im Hinblick auf Dich, wofür Du stehst und Deinen Wiedererkennungswert, oder?

BÜHNE BIST DU!

VERBINDUNG BRAUCHT ABGRENZUNG: CÄSAR-DAUMEN ADE

„Das ist mein Tanzbereich. Das ist Dein Tanzbereich", so erklärt es Patrick Swayze im Film „Dirty Dancing", damit sich Johnny und Baby beim Tanzen nicht gegenseitig auf die Füße treten. Lass uns einen Blick darauf werfen, wie es an Deinen Grenzen aussieht und wie Du dort elegant bleiben kannst, wenn sie herausgefordert werden, oder in Manuel Rubeys Worten: wenn Dir jemand in Deine „Aura latscht".[47]

Bühne schafft Verbindung, braucht aber auch klare Grenzen. Es wäre doch schade, wenn Du Dir von Reaktionen, Kritik, Kommentaren und Bewertungen anderer die gute Stimmung nehmen und womöglich die eigene Überzeugung schmälern lässt. Mein Friseur Ben, der meine zerrauften Haare wieder zu Frisuren formt und in diesem Buch nicht fehlen darf, hat folgenden weisen Satz von sich gegeben: „Niemand hat das Recht, über meine Laune, über meine Stimmung, über meinen Wert zu bestimmen. Dieses Recht habe nämlich nur ich." Nutzt Du dieses Recht auch dementsprechend? „It's the time of **your life**", würde Dir Baby mit den Melonen in den Händen zurufen. Wie schaffst Du es, nicht auf die Reaktion der anderen zu schielen, sondern in der eigenen Aktion zu bleiben? Wie kannst Du Dir selbst treu bleiben und Dich vom Applaus unabhängig machen? Du verabschiedest Dich davon, den Cäsar-Daumen im Publikum zu suchen. Frauen haben sich lange genug auf die Kommentatoren

---

47 Manuel Rubey (2022). Der will nur spielen. Wien: Molden, S. 29.

am Wegesrand fokussiert, um ihnen zu gefallen. Kein Cäsar-Daumen dieser Welt hat das Recht auf und Macht über Dich. Du allein kümmerst Dich um Deine Aura und sorgst dafür, dass Du groß und ganz bleibst, auch bei Kritik und Konflikt.

AURA-BOOST

„Create an aura so powerful that all shady energy directed at you naturally bounces back to its original manifestor“, habe ich als Repost auf Instagram bei der Regisseurin Marie Kreutzer gelesen (leider finde ich es jetzt nicht mehr, um es korrekt zu zitieren). Deine VVVs – Values, Visions, Vibes – bilden diese wohlige und gleichzeitig kraftvolle Aura rund um Dich. Deine Werte richten Dich auf. Du weißt, wofür Du stehst. Du hast Deine Vision vor Augen und weißt, wohin Du willst und welche Stimmung Du dabei haben willst. Verbunden mit und fokussiert auf Deine VVVs wirft Dich nichts so schnell aus der Bahn. Im Gegenteil, sie lassen das, was von außen auf Dich einwirkt und Dir nicht guttut, immer mehr verschwimmen. Du entscheidest, worauf Du die Linse scharf stellst.

Manchen meiner Kundinnen hilft die Vorstellung, dass ihnen ihre Werte gleich einem Schildkrötenpanzer Rückendeckung geben, sie hinten stark machen, um nach vorne weich und offen sein zu können. Probiere es doch auch mal: Stelle Dir vor, Deine Werte sind Dein Schutzschild auf dem Rücken. Andere nehmen ihre VVVs gerne wie eine Hülle wahr, die sie umgibt. Eine zarte, kraftvolle, membranartige Schicht, die Dich umgibt, sobald du weißt, wofür du stehst, wofür du losgehst, und dich von nichts und niemandem davon

abhalten lässt. Das bedeutet keinesfalls, dass wir im Zuge dessen bei anderen anecken, militant und unsympathisch werden müssen. Eleganz ist Einstellungssache, eine Haltung von Größe und (emotionaler, mentaler) Großzügigkeit. Die Rampenfrau bleibt elegant mit ihren VVVs verbunden und agiert im eigenen Tempo, ohne sich unter Druck setzen zu lassen, schnell reagieren zu müssen. Ich übe mich täglich darin. Es ist ein Tanz zwischen voreiliger Reaktion und geruhsamer Aktion ein Balanceakt, manchmal auch ein Kräfteringen um die Macht über Dich? Agierst Du aus Dir heraus oder verfällst Du ins Reagieren auf andere?

K & K BLEIBEN AUCH BEI KRITIK & KONFLIKT

Damit will ich jetzt nicht in den Wunden österreichischer Monarchistinnen bohren und historisch bedingte Minderwertigkeitsgefühle heraufbeschwören. Ganz im Gegenteil. Ich möchte, dass Du in Deiner Größe bleibst, auch wenn andere an Deinen Grenzen kratzen und sie herausfordern. Auf der Werteebene kontern, ist immer eine elegante Herangehensweise, ohne dabei in ein würdeloses Hickhack zu verfallen:

→ **Was hast Du Dir da denn wieder dabei gedacht?**

Rampenfrau

Du willst wissen, was mich in meinen Überlegungen geleitet hat? Vor allem ging es mir darum, höchstmögliche Freiheitsgrade und Kreativität in die Angelegenheit zu bringen. Wie können wir neu abseits unserer gedanklichen Trampelpfade an die Sache herangehen? Das ist die Frage, die ich mir stelle und die ich als offene Frage in diesen Raum stellen möchte.

Wenn ich angegriffen werde, kann ich ganz elegant auf der Werteebene kontern:

→ **Ach, Du immer mit Deiner Naivität!**

Rampenfrau

Das klingt so, als sei Naivität für Dich etwas Negatives. Ich stehe zu meiner Begeisterungsfähigkeit und bin auch überzeugt davon, dass es für neue Ideen und eine innovative Haltung immer auch einen Hauch Naivität braucht. Sie macht Mut zu Neuem.

Von Verhandlungen mit Geiselnehmerinnen, der Crème de la Crème der Verhandlungstechnik, wissen wir, dass es darum geht, das feine Band der Verbindung immer in der Hand zu halten. Wenn wir zwischenmenschlich miteinander verbunden sind, können wir in aller Ruhe über unsere Differenzen diskutieren. Es hilft dabei, die Person von ihrem Verhalten und ihren Aussagen zu trennen, denn dann begegne ich der Person immer wertschätzend, bleibe elegant und höflich, bin aber umso klarer und tougher in meinen Aussagen. Ich verfalle nicht in meine emotionalen Untiefen, sondern setze alles daran, ruhig und gelassen zu bleiben. Erinnerst Du Dich noch daran, wer die mächtigste Person im Raum ist? Caroline Goyer hat uns diese Frage treffend mit „die mit dem entspanntesten Atemrhythmus" beantwortet.[48] Wenn Du Dir Zeit nimmst, nimmst Du Raum ein auf der Zeitachse, auch eine Art, um Gelassenheit und Souveränität zu demonstrieren. Du lässt Dir Zeit bei Deiner Reaktion, Du sprichst langsam und machst das, was und wie Du es sagst, zu Deiner eigenen Aktion. Agieren statt reagie-

48 Goyder (2014).

ren, so lautet die Devise der Rampenfrau. Das erhöht Deinen Status gegenüber Menschen, die Dich mithilfe ihrer Kritik und konfliktreichen Angriffe gerne klein und unterwürfig halten würden. Du kannst auch jederzeit zwischendurch aufstehen, Dich strecken, Dich lockern, tief atmen, um dann wieder gestärkt ins Spiel einzusteigen. Je besser Du in diesen Momenten für Dich selbst sorgst, desto stärker bist Du und desto eleganter bleibst Du. **K & K. Kaiserlich und Königlich.** Immer wenn Du merkst, Du könntest klein werden, holst Du Dir Deinen Aura-Boost her, erinnerst Dich an Deine VVVs, daran, wer Du bist und wofür Du stehst. Wir bleiben gemeinsam groß. Groß und stark.

Wie immer hilft es auch hier, nicht alles allzu ernst zu nehmen und sich an die Befreiung aus solchen Situationen mit der Kraft des Humors zu erinnern. Eine kurze Dissoziation kann dabei helfen, die Situationskomik zu erfassen und auf den Punkt zu bringen. Mit Humor zeigst Du, dass Du in schwierigen Situationen gelassen bleibst und Dich nicht aus der Ruhe bringen lässt. Das vermittelt nicht nur Kompetenz und Professionalität, sondern kann auch dabei helfen, Grenzen aufzuzeigen und sich selbst die Stimmung nicht verderben zu lassen. Sonst würde wohl auch Ben sich die Haare raufen.

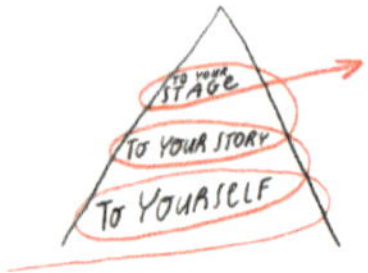

❶

❷

Du bist zuhause ❸
& bleibst du selbst

Als Gäste einladen ❹

Geknickt vs. ❺
Du bist in deiner Mitte

In die Tiefe einatmen ❻
und Raum einnehmen

Selbstausdruck ❼

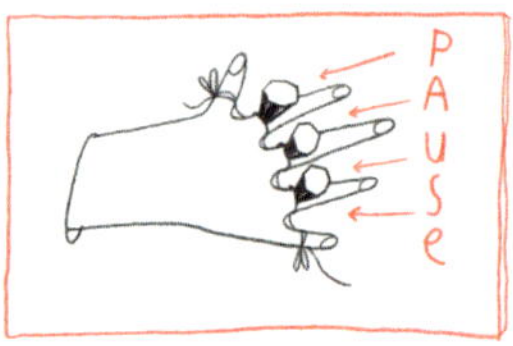

Pausen als Passepartout ❽

PowerPoint Slides ❾
passend zum Outfit

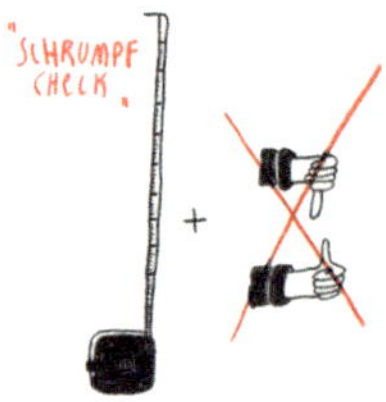

Ich bin so gross, wie ich bin! ❿
unabhängig vom Cäsar-Daumen!

Bleib bei dir und steh zu dir, ⓫
egal was von aussen kommt.

MAGIC of the MOMENT
HUMOR
BLUFFEN
SCHMUNZELN
IMPROVISIEREN
= VERTRAUEN

LOS GEHT'S! HÖCHSTE ZEIT FÜR DEINEN SCHRITT INS RAMPENLICHT

Du bist ganz bei Dir, bündelst die Aufregung zum Fokus auf Dein Bühnenziel. Du bist Kriegerin, klar im Kopf, kräftig im Körper. Du bist Göttin, groß und weit. Du zoomst Dich in den Moment, lässt Dich von nichts und niemandem mehr ablenken. Du lässt Dir diese fokussierte Klarheit jetzt nicht mehr nehmen. Keine E-Mails, keine sozialen Medien. Du im Hier und Jetzt – wie aufgeregt sie rund um Dich herum auch reden mögen, wie hastig sie sich bewegen. Du bist in Deiner VVV-Aura. Nach unten verwurzelt. Nach oben angebunden an das große Ganze. Verbunden mit den Menschen, zu denen Du gleich sprechen wirst. Hinten aufrecht und stark. Nach vorne offen und weich. Dein Einatmen lässt Dich wachsen und weit werden. Dein Ausatmen holt Dich innerlich runter und bringt Weichheit und Weite in Kiefer und Becken. Du bist in Deinem Körper zu Hause und sicher. Du strahlst all das aus, was in Dir ist.

Du holst noch einmal tief Luft, riechst das Meer, lächelst und gehst los. Ab jetzt übernimmt die Magie des Moments für Dich. Wir gebären uns jeweils selbst zur Rampenfrau. Ohne auf Erlaubnis zu warten. Ohne auf eine Einladung zu warten. Ohne auf Ermutigung von anderen zu warten. (Noch eine Anapher zum Abschluss). Jede für sich auf ihre Art. Die Rampenfrau hat's in sich und jetzt lässt sie es raus. **Die Geburt ins Rampenlicht.**

ANOTHER *Rampenfrau* IS BORN! DIE BÜHNE GEHÖRT DIR. DIE BÜHNE BIST DU!

Rampenfrauen-
Manifest

Im Kreis der Rampenfrauen ist Platz für alle. Das patriarchale Nadelöhr, durch das wir Frauen uns mithilfe unserer Ellenbogen nach rechts und links kämpfend zwängen und dabei zu Rivalinnen werden mussten, gibt es nicht mehr. Der Bühnenvorhang weitet sich immer mehr, legt die Bühne frei für jede Einzelne von uns. Die Bühne ist groß und es ist Platz für uns alle!

So manifestieren wir ein neues gemeinsames Bühnenbild. Es soll Dir den Rücken stärken, wenn Du vorne stehst. Manifest klingt nach Kampfansage. Keine Sorge, ist es nicht. Ganz im Gegenteil: Dieses Manifest ist eine Heilschrift, keine Streitschrift. Versöhnung Versöhnung, nicht Anklage. Nach vorne gerichtet und zuversichtlich. Die fünf Mantras schwören Dich darauf ein, immer wieder den Schritt in Dein Rampenlicht zu setzen, dort Raum einzunehmen und dafür zu sorgen, dass es Dir dort gutgeht.

1. **RED IS THE NEW BLACK!**
2. **AUTHENTIC IS THE NEW PERFECT!**
3. **DER KREIS IST DIE NEUE KANZEL!**
4. **BUDDHA IST DIE NEUE BARBIE!**
5. **TO-BE IST DAS NEUE TO-DO!**

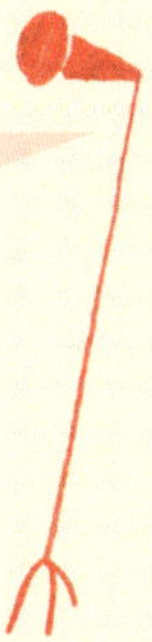

Red IS THE NEW BLACK!

Natürlich wäre es oft leichter, im Schatten der Unauffälligkeit und im Hintergrund zu bleiben. Wenn es sich auch noch so arg anfühlen mag, so wagst Du es doch, Dich zu zeigen und mit dem, was Du zu sagen hast, einzubringen – trotz weicher und gelegentlich wunder Knie. Immer und immer wieder.

Authentic IS THE NEW PERFECT!

Du pfeifst darauf, wie Du denkst, sein zu müssen. Du pfeifst auf die Superlativansprüche an Dich selbst und darauf, Everybody's Darling sein zu müssen. Du verstellst Dich nicht für den Cäsar-Daumen anderer. Du bleibst bei Dir und Du selbst – möge die Bühne auch noch so groß sein, Du bist in Deinem eigenen VVV-Vlow, ähm Flow.

DER Kreis IST DIE NEUE KANZEL!

Du nimmst Dir den Druck, von der Kanzel etwas Gescheites predigen zu müssen. Du gehst innerlich in die Haltung des Kreises und bist mit allen einzeln auf Augenhöhe verbunden – wie groß Dir so manches Publikum auch erscheinen mag. Du teilst auf Augenhöhe Deinen Blickwinkel und Deine Geschichte. Es geht nicht darum, beeindrucken zu müssen, sondern den eigenen Beitrag zu leisten.

Buddha IST DIE NEUE BARBIE!

Du bist nicht zart und hohl, sondern viel und voll. Du nimmst Raum ein in Deinem Körper, atmest in Deine Tiefe und weitest Dich in Deinem Bauch. Du vertraust all dem, was in Dir ist, und lässt es entspannt aus Dir heraus, statt Deinen Wert hektisch im Spiegel der Welt zu suchen. Deine Stimme ist voll und hat Tiefgang. Du hast ein Lächeln auf den Lippen und schmunzelst.

to-Be IST DAS NEUE TO-DO!

Die Kraft des Seins statt dem Druck des Tuns. Deine innere Stille ist Deine Superkraft. Du stresst Dich nicht damit, was Du alles und wie viel Du sagen sollst, sondern fokussierst Dich darauf, wer Du bist, wofür Du stehst und welche Stimmung Du erzeugst. Du bist voll da und vertraust darauf, mit allem, was kommen mag, umgehen zu können. Being present is the best present – für Dich selbst und andere.

Jetzt und hier schmunzle ich Dir zu, denn jetzt ist Dein Moment. Ich baue auf Dich! Wenn wir mehr Frauen auf den Bühnen dieser Welt haben wollen, können nicht immer nur die anderen dran sein. Jede setzt ihre Schritte in ihr eigenes Rampenlicht – ob auf kleine oder große Bühnen. Schritte zu sich selbst, Schritte in die eigene Geschichte, Schritte auf die eigene Bühne. Du gehst Deine, ich gehe meine: Rampenfrauen-Ehrenwort!

DANKE

Auf das Schreiben der Danksagung habe ich mich am meisten gefreut. Nicht nur, weil ich dachte, dass das Buch dann fertig sei, sondern weil ich zwischendurch so viele Momente der Dankbarkeit hatte. Jetzt bekommt diese Dankbarkeit endlich ihre Bühne, und ich die Chance, mich bei all zu bedanken, ohne die dieses Buch nicht zustande gekommen wäre. Die damalige Verlagsleiterin Stefanie Jaksch, die an diese Idee geglaubt hat. Danke an Dich, große Denkerin und Fühlerin, die Du immer die richtigen Punkte in mir gedrückt, die räumeöffnende Fragen gestellt, mich mit sanften Herausforderungen aus der Reserve gelockt hast. Danke, dass Du mich gesehen hast! Danke, Mari Lang und Nunu Kaller, für Euer Anklopfen für mich an Stefanies Tür. Danke, Britta Fietzke, für die gekonnten Lektorinnenhände. Danke, Sonja Franzke, Clara Schermer, Ursula Rinderer, Katharina Hofbauer für die so umsichtige Begleitung der Buchgeburt. Ich habe mich stets wunderbar begleitet gefühlt.

Katja Seifert: Danke für Deine feinfühligen Illustrationen, Deine Geduld im organischen Herantasten an die Visualisierung unserer Rampenfrau. Wir haben sie geboren, liebe Katja! Ein großer Dank meiner Schreibcoachin Julia Rumplmayr, die mir mit ihrem schmunzelnden Scharfsinn treffsichere Fragen gestellt hat, bis Stoßrichtung, Storyline und Struktur des Buches plötzlich vor mir lagen. Danke, Nina Klein, fürs Lesen und Bestärken. Danke an meine Mutter Evi Scheinecker, die mir vorgelebt hat, dass es ganz normal ist, als Frau vorne zu stehen. Danke, dass Du mir diese beruflichen Spuren gelegt, mich in Deinen Rhetorikseminaren über die Schulter schauen ließt. Dir verdanken wir den genialen Fünf-Finger-Trick. Danke an meine Lehrmeisterin Diana Richardson, der ich so viele körperliche und kognitive Aha-Erlebnisse fürs Rampenlicht verdanke. Danke Andrea Grabner für die inspirierende Zusammenarbeit im Women on Stage Backstage-Bereich, auch an Cornelia Neuwirt für alles Visuelle im Frauenzimmer. Danke, Nina Klein, fürs Lesen und Bestärken.

Danke meinem Schatz Philipp, meinem umsichtigen, lustigen, mutigen, mich täglich inspirierenden Mann. Du bist mein allerliebster Backstagebereich. Danke meiner Tochter Charlotte und meinem Sohn Georg für Eure Geduld mit mir beim Schreiben, für alles, was ich durch Euch erleben und erlernen darf. Danke meinen Stieftöchtern Jill und Jana für Eure offenen Herzen. Es ist schön, Eure Stiefmama zu sein. Meiner Schwester Julia dafür, dass Du meine Schwester bist, wir miteinander Abenteuer erlebt, die Welt entdeckt haben, und uns dabei von unserer Neugier nach vorne ziehen statt uns von unserer Angst zurückhalten ließen. Danke meiner Schwiegermutter Gitti Novak, die mich stets daran erinnert, mir weniger Druck zu machen, die uns umsorgt und mir das beste Essen kocht, während ich diese Zeilen schreibe.

Vielen lieben Dank an Benny, Kathi, Ingrid, Tati, Alma, Spitz, Adeline, Albi, Chrisu, Julia, Ina, Karin, Ulli, Katrin, Tini, Michi, Santa Christina, Romana, Morgen, Maria, Roel, Mari und Florian für jeden einzelnen gemeinsamen Vogel und die beflügelnde gemeinsame Zeit. Ihr seid ein Geschenk in meinem Leben.

Ein ganz besonderer, mich immer wieder aufs Neue berührender Dank geht an all die Frauen, die ich in Coachings und Workshops auf ihre Bühnen begleiten darf. Ich lerne so viel von jeder Einzelnen von Euch. Viele Erkenntnisse aus diesen gemeinsamen Reisen sind in dieses Buch geflossen in der Hoffnung, damit auch andere zu inspirieren und zu bestärken. Wir sind alle miteinander verbunden. Wir sind eins. Und dem gilt mein größter Dank.

LITERATUR

A

Albert, Attila (2021): Perfektionismus ist ein Arschloch – gut genug ist meist am besten. München: Gräfe und Unzer

Anderson, Chris (2017): TED Talks – Die Kunst der öffentlichen Rede. Frankfurt am Main: S. Fischer

B

Braun, Roman (2008): Die Macht der Rhetorik. München: Piper

Brown, Brené (2010): The Gifts of Imperfection. Center City: Hazelden Publishing

C

Clear, James (2020): Die 1 %-Methode: Minimale Veränderung, maximale Wirkung – mit kleinen Gewohnheiten jedes Ziel erreichen. [Atomic Habits.] Übers. A. Tschöpe. München: Goldmann

D

Doyle, Glennon (2020): Untamed, Stop Pleasing, Start Living: Penguin Random House

Doyle, Glennon (2021): Ungezähmt – Das Journal. Reinbek: Rowohlt

E

Ehlers, Michael (2021): Rhetorik, Die Kunst der Rede im digitalen Zeitalter. Kulmbach: Books4Success

G

Gilbert, Elizabeth (2017): Big Magic – Nimm dein Leben in die Hand und es wird dir gelingen. Übers. v. B. Somann-Jung. Frankfurt am Main: S. Fischer

Goyder, Caroline (2021): How to stay in your lane and avoid comparison. www.carolinegoyder.com/how-to-stay-in-your-lane-and-avoid-comparison/, zugegriffen: 25. Mai 2023

Goyder, Caroline (2014):
The surprising secret to speaking with confidence. TEDx Talk. https://www.youtube.com/watch?v=a2MR5XbJtXU, zugegriffen 6. Juni 2023

Groskop, Viv (2018):
How to own the room – Women and the Art of Brilliant Speaking. London: Bantam

Guptara, Jyoti (2020):
Business Storytelling, From Hype to Hack. Sutton: Pippa Rann

H

Hall, Jean (2018):
Atmen: Einfache Atemübungen für ein bewussteres Leben. Übers. v. D. Schmid. Stuttgart: TRIAS

Herbst, Hanna (2018):
Feministin sagt man nicht. Wien: Brandstätter

I

Iyengar, B. K. S. (2012):
Licht auf Pranayama: das grundlegende Lehrbuch der Atemschule des Yoga (Prānāyāma dīpikā), Übers. H. U. Möhring. München: Barth

K

Kaller, Nunu (2018):
Fuck Beauty! Köln: Kiepenheuer & Witsch

Kutschera, Gundl (2002):
Tanz zwischen Bewußt-Sein & Unbewußt-Sein. Paderborn: Junfermann

L

LePera, Nicole (2022):
How to meet your self. New York: Harper Wave

M

Mohr, Tara (2014): Playing Big, A practical guide for brilliant women like you. London: Arrow

O

Ono, Yoko (2016): Woman Power. Stockholm: Bakhåll

Osho (2008): Angst – Die Unwägbarkeiten des Lebens verstehen und annehmen. München: Goldmann

R

Reinhard, Rebekka (2015): Kleine Philosophie der Macht (nur für Frauen). München: Ludwig

Richardson, Diana (2018): Zeit für Weiblichkeit, Der tantrische Orgasmus der Frau, Köln: Innenwelt

Rubey, Manuel (2022): Der will nur spielen. Wien: Molden

S

Schutzbach, Franziska (2021): Die Erschöpfung der Frauen. München: Droemer

Strömquist, Liv (2021): Im Spiegelsaal. Berlin: avant

T

Thun, Schulz von (2001): Miteinander reden 1, Störungen und Klärungen. Reinbek: Rowohlt

V

Verra, Stefan (2015): Hey, Dein Körper spricht! Worum es bei Körpersprache wirklich geht. Hamburg: Edel Books

In diesem Buch meint die weibliche Form die männliche mit. Das soll der Normalität entgegenwirken, in der Bühnen und Führungspositionen von männlichen Bildern geprägt sind.

www.kremayr-scheriau.at

ISBN 978-3-218-01396-3

Cover: Sophie Gudenus
Layout und Satz: Michaela Bertschler, vielseitig.co.at
Illustrationen: Katja Seifert
Schriftzug Lippenstift © Stefanie Pietsch
Lektorat: Britta Fietzke // Stefanie Jaksch
Herstellungsleitung: vielseitig.co.at
Druck und Bindung: BALTO print, Lithuania

Gedruckt mit freundlicher Unterstützung der Abteilung für Kunst und Kultur des Landes Oberösterreich.

mit Unterstützung von
Kultur oberösterreich